DR. OETKER

MODE MUFFINS

BOUNTY-, PINK-, FANTA-,
MAULWURFSHÜGEL-, ROSETTEN-MUFFINS...

DR. OETKER

MODE MUFFINS

BOUNTY-, PINK-, FANTA-,
MAULWURFSHÜGEL-, ROSETTEN-MUFFINS...

Dr. Oetker Verlag

Vorwort

Sie sind da – die köstlichen kleinen Küchlein, die jeder haben will.

Dieses Buch ist voller toller Törtchen, die Jung und Alt begeistern werden.

Sie sind nicht nur schnell zubereitet – es gibt sie auch in unzähligen ideenreichen Variationen.

Hier finden Sie fruchtige, gefüllte und raffinierte Muffins, die zu jedem Anlass gut ankommen

und von denen ganz sicher kein Krümel übrig bleibt.

Alle Rezepte sind wie gewohnt ausführlich und leicht nachvollziehbar beschrieben,

von Dr. Oetker getestet und machen schon beim Zubereiten Spaß.

Abkürzungen

EL	= Esslöffel
TL	= Teelöffel
Msp.	= Messerspitze
Pck.	= Packung/Päckchen
g	= Gramm
kg	= Kilogramm
ml	= Milliliter
l	= Liter
evtl.	= eventuell
geh.	= gehäuft
gestr.	= gestrichen
TK	= Tiefkühlprodukt
°C	= Grad Celsius
Ø	= Durchmesser
E	= Eiweiß
F	= Fett
Kh	= Kohlenhydrate
kcal	= Kilokalorien
kJ	= Kilojoule

Hinweise zu den Rezepten

Lesen Sie bitte vor der Zubereitung – besser noch vor dem Einkaufen – das Rezept einmal vollständig durch. Oft werden Arbeitsabläufe oder -zusammenhänge dann klarer.

Die in den Rezepten angegebenen Backtemperaturen und -zeiten sind Richtwerte, die je nach individueller Hitzeleistung des Backofens über- oder unterschritten werden können. Bitte beachten Sie deshalb bei der Einstellung des Backofens die Gebrauchsanweisung des Herstellers und machen Sie nach Beendigung der Backzeit eine Garprobe.

Zubereitungszeiten

Die Zubereitungszeit beinhaltet nur die Zeit für die eigentliche Zubereitung, die Backzeiten sind gesondert ausgewiesen. Längere Wartezeiten wie z. B. Kühlzeiten sind ebenfalls nicht mit einbezogen.

Mini-Messino-Muffins

Zubereitungszeit: 30 Min.
Backzeit: etwa 30 Min.

Pro Stück:
E: 5 g, F: 18 g, Kh: 37 g,
kJ: 1443, kcal: 345

Für den All-in-Teig:
- **200 g Weizenmehl**
- **3 gestr. TL Backpulver**
- **1 Pck. Pudding-Pulver Vanille-Geschmack**
- **125 g Zucker**
- **1 Pck. Vanillin-Zucker**
- **1 Pck. Finesse Orangenfrucht**
- **2 Eier (Größe M)**
- **150 g weiche Butter oder Margarine**
- **150 g Orangenjoghurt**

- **12 Mini-Messino Orange**

Zum Verzieren und Garnieren:
- **200 ml Schlagsahne**
- **1 Pck. Vanillin-Zucker**
- **12 Mini-Messino Orange**

1 Für den Teig Mehl mit Backpulver und Pudding-Pulver mischen und in eine Rührschüssel sieben. Zucker, Vanillin-Zucker, Orangenfrucht, Eier, Butter oder Margarine und Joghurt hinzufügen und alles mit Handrührgerät mit Rührbesen auf höchster Stufe in etwa 2 Minuten zu einem Teig verarbeiten.

2 Jeweils 1 Esslöffel Teig pro Förmchen in eine Muffinform für 12 Muffins (gefettet, gemehlt) füllen, je 1 Mini-Messino darauf legen und mit dem restlichen Teig bedecken. Die Form auf dem Rost in den Backofen schieben.

Ober-/Unterhitze:
etwa 180 °C (vorgeheizt)
Heißluft: etwa 160 °C (vorgeheizt)
Gas: Stufe 2–3 (vorgeheizt)
Backzeit: etwa 30 Min.

3 Gebäck nach dem Backen 10 Minuten in der Form stehen lassen, dann aus der Form lösen und auf einem Kuchenrost erkalten lassen.

4 Zum Verzieren und Garnieren Sahne mit Vanillin-Zucker steif schlagen, in einen Spritzbeutel mit Lochtülle (Ø etwa 8 mm) füllen, die Muffins damit verzieren und mit je 1 Mini-Messino garnieren.

Pink Muffins

**Zubereitungszeit: 35 Min.,
ohne Abkühlzeit
Backzeit: etwa 25 Min.**

**Pro Stück:
E: 5 g, F: 18 g, Kh: 46 g,
kJ: 1582, kcal: 378**

Für den Rührteig:
- **200 g Butter
  oder Margarine**
- **200 g Zucker**
- **2 Eier (Größe M)**
- **60 g Himbeergelee**
- **250 g Weizenmehl**
- **2 gestr. TL Backpulver**
- **etwas rote Speisefarbe**

Zum Bestreichen:
- **Saft von 1 Zitrone**
- **2 EL Himbeergelee**

Zum Garnieren:
- **100 g Marzipan-Rohmasse**
- **25 g gesiebter Puderzucker**
- **etwas rote Speisefarbe**
- **12 kleine bunte Lollis**

1 Für den Teig Butter oder Margarine mit Handrührgerät mit Rührbesen auf höchster Stufe geschmeidig rühren. Nach und nach Zucker unterrühren. So lange rühren, bis eine gebundene Masse entstanden ist.

2 Eier nach und nach unterrühren (jedes Ei etwa ½ Minute). Himbeergelee unterrühren. Mehl mit Backpulver mischen, sieben und portionsweise auf mittlerer Stufe unterrühren.

3 Teig mit etwas Speisefarbe rosa färben und gut vermischen. 12 Papierbackförmchen in eine Muffinform für 12 Muffins stellen und den Teig einfüllen. Die Form auf dem Rost in den Backofen schieben.

Ober-/Unterhitze:
etwa 180 °C (vorgeheizt)
Heißluft: etwa 160 °C (vorgeheizt)
Gas: Stufe 2–3 (vorgeheizt)
Backzeit: etwa 25 Min.

4 Zum Bestreichen Muffins sofort nach dem Backen mit einem Holzstäbchen mehrmals einstechen. Zitronensaft mit Himbeergelee erhitzen und auf die Muffins streichen. Die Muffins mit Papierbackförmchen aus der Muffinform nehmen und auf einem Kuchenrost erkalten lassen.

5 Zum Garnieren Marzipan-Rohmasse mit Puderzucker verkneten und die Masse halbieren. Jede Hälfte mit etwas Speisefarbe unterschiedlich stark rosa färben und zu zwei dünnen Rollen formen. Diese umeinander wickeln und zwischen zwei Lagen Frischhaltefolie dünn ausrollen, so dass ein Marmormuster entsteht. 12 Kreise (Ø etwa 6 cm) ausstechen und auf die Muffins legen. In jeden Muffin einen kleinen Lolli stecken.

■ Tipp:
Die Muffins können auch ohne die Papierbackförmchen gebacken werden. Dann die Muffinform ausfetten und mehlen.

Kuh-Muffins

Zubereitungszeit: 35 Min.,
ohne Kühlzeit
Backzeit: etwa 30 Min.

Pro Stück:
E: 6 g, F: 17 g, Kh: 40 g,
kJ: 1475, kcal: 352

Für die Creme:
- **1 Pck. Saucen-Pulver Vanille-Geschmack**
- **200 ml Milch**
- **100 g Sahne-Muh-Muhs (Milch-Toffee)**

Für den Schüttelteig:
- **200 g Weizenmehl**
- **3 gestr. TL Backpulver**
- **30 g Kakaopulver**
- **100 g Zucker**
- **1 Pck. Vanillin-Zucker**
- **3 Eier (Größe M)**
- **150 g zerlassene, abgekühlte Butter oder Margarine**

Zum Garnieren:
- **100 g Marzipan-Rohmasse**
- **40 g gesiebter Puderzucker**
- **etwas grüne Speisefarbe**
- **süße Schaumzucker-Kühe (von Trolli)**
- **evtl. einige Zahnstocher**

1 Für die Creme Saucen-Pulver mit etwas von der Milch anrühren. Restliche Milch mit klein geschnittenen Sahne-Muh-Muhs zum Kochen bringen, angerührtes Saucen-Pulver unterrühren und einmal unter Rühren aufkochen lassen. Creme abkühlen lassen, dabei gelegentlich umrühren.

2 Für den Teig Mehl mit Backpulver und Kakao mischen, in eine verschließbare Schüssel (3 l) sieben und mit Zucker und Vanillin-Zucker mischen. Eier und Butter oder Margarine hinzufügen, Schüssel mit dem Deckel fest verschließen und mehrmals kräftig schütteln (insgesamt etwa 30 Sekunden). Alles mit einem Schneebesen oder Rührlöffel nochmals sorgfältig durchrühren, damit trockene Zutaten vom Rand mit untergerührt werden.

3 Den Teig in eine Muffinform für 12 Muffins (gefettet, gemehlt) füllen. Die erkaltete Creme in einen Spritzbeutel mit Lochtülle füllen und in die Mitte des Teiges spritzen, dabei die Lochtülle fast bis zum Förmchenboden in den Teig drücken.

4 Die Muffinform auf dem Rost in den Backofen schieben.

Ober-/Unterhitze:
etwa 180 °C (vorgeheizt)
Heißluft: etwa 160 °C (vorgeheizt)
Gas: Stufe 2–3 (vorgeheizt)
Backzeit: etwa 30 Min.

5 Gebäck nach dem Backen 10 Minuten in der Form stehen lassen, dann aus der Form lösen und auf einem Kuchenrost erkalten lassen.

6 Zum Garnieren Marzipan-Rohmasse mit Puderzucker und etwas Speisefarbe verkneten, durch eine Kartoffelpresse oder ein Sieb drücken und als Wiese auf den Muffins anrichten. In jede Wiese eine Schaumzucker-Kuh stellen, dabei evtl. mit einem Zahnstocher stützen.

■ Tipp:

Der Teig kann zusätzlich noch mit etwas Finesse Orangenfrucht verfeinert werden.

Bleibt etwas von der Creme übrig, kann sie nach dem Backen und Erkalten der Muffins in die entstandene Puddingvertiefung gespritzt werden.

Die Marzipanmasse kann auch durch eine gut gesäuberte Knoblauchpresse gedrückt werden.

Die Kuh-Muffins schmecken am besten frisch.

Schoko- und Karamell-Fudge-Muffins

Zubereitungszeit: 25 Min.
Backzeit: etwa 20 Min.

Pro Stück:
E: 5 g, F: 18 g, Kh: 22 g,
kJ: 1192, kcal: 285

Für den All-in-Teig:
- **175 g Weizenmehl**
- **2 gestr. TL Backpulver**
- **1/2 gestr. TL Natron**
- **50 g Zucker**
- **5 Tropfen Butter-Vanille-Aroma**
- **1 Ei (Größe M)**
- **100 ml Schlagsahne**
- **100 ml Speiseöl**
- **100 g abgezogene, gemahlene Mandeln**

Für die Füllung:
- **je 6 Schoko-Fudge- und Karamell-Fudge-Würfel (Weichkaramell, je etwa 8 g)**

Für den Belag:
- **12 abgezogene, ganze Mandeln**

Zum Verzieren:
- **25 g Halbbitter-Kuvertüre oder Zartbitterschokolade**

1 Für den Teig Mehl mit Backpulver und Natron mischen und in eine Rührschüssel sieben. Zucker, Aroma, Ei, Sahne, Speiseöl und Mandeln hinzufügen. Die Zutaten in etwa 2 Minuten mit Handrührgerät mit Rührbesen zunächst auf niedrigster, dann auf höchster Stufe zu einem Teig verarbeiten.

2 12 doppelt ineinander gestellte Papierbackförmchen auf ein Backblech stellen. Jeweils einen gut gehäuften Teelöffel Teig in die Förmchen füllen. Die Fudge-Würfel darauf setzen. Restlichen Teig darüber geben und mit je einer Mandel belegen.

3 Das Backblech in den Backofen schieben.

Ober-/Unterhitze:
etwa 180 °C (vorgeheizt)
Heißluft: etwa 160 °C (vorgeheizt)
Gas: Stufe 2–3 (vorgeheizt)
Backzeit: etwa 20 Min.

4 Die Muffins vom Backblech nehmen und in den Papierbackförmchen auf einem Kuchenrost erkalten lassen.

5 Zum Verzieren Kuvertüre oder Schokolade in Stücke hacken, in einem kleinen Topf im Wasserbad geschmeidig rühren und in einen Gefrierbeutel oder ein Papiertütchen füllen. Eine kleine Ecke abschneiden, die Muffins damit besprenkeln und fest werden lassen.

Tipp:
Statt in Papierbackförmchen kann der Teig auch in einer Muffinform für 12 Muffins (gefettet, gemehlt) gebacken werden, danach die Muffins 10 Minuten in der Form stehen lassen, aus der Form lösen und auf einem Kuchenrost erkalten lassen.

Erdbeermuffins

Zubereitungszeit: 30 Min.
Backzeit: etwa 30 Min.

Pro Stück:
E: 5 g, F: 20 g, Kh: 36 g,
kJ: 1476, kcal: 353

Für den Rührteig:
- **125 g Erdbeeren**
- **175 g Butter**
  oder Margarine
- **125 g Zucker**
- **1 Pck. Vanillin-Zucker**
- **4 Eier (Größe M)**
- **175 g Weizenmehl**
- **2 gestr. TL Backpulver**
- **50 g Speisestärke**
- **3–4 EL Milch**
- **100 g Kokosraspel**

Für den Guss:
- **175 g Erdbeerkonfitüre**
- **3 EL Wasser**

1 Für den Teig Erdbeeren waschen, abtropfen lassen, entstielen und in kleine Stücke schneiden.

2 Butter oder Margarine mit Handrührgerät mit Rührbesen auf höchster Stufe geschmeidig rühren. Zucker und Vanillin-Zucker mischen, unterrühren und so lange rühren, bis eine gebundene Masse entstanden ist.

3 Eier nach und nach unterrühren (jedes Ei etwa 1/2 Minute). Mehl mit Backpulver und Speisestärke mischen, sieben und portionsweise abwechselnd mit Milch unterrühren. Zuletzt Kokosraspel unterrühren.

4 Etwa die Hälfte des Teiges in eine Muffinform für 12 Muffins (gefettet, gemehlt) füllen. Erdbeerstücke aufstreuen, mit übrigem Teig bedecken, glatt streichen und die Form auf dem Rost in den Backofen schieben.

Ober-/Unterhitze:
etwa 180 °C (vorgeheizt)
Heißluft: etwa 160 °C (vorgeheizt)
Gas: Stufe 2–3 (vorgeheizt)
Backzeit: etwa 30 Min.

5 Muffins nach dem Backen 10 Minuten in der Form stehen lassen, dann lösen und auf einem mit Backpapier belegten Kuchenrost erkalten lassen.

6 Für den Guss Erdbeerkonfitüre durch ein Sieb streichen, mit Wasser verrühren, unter Rühren etwas einkochen lassen und die Muffins damit bestreichen.

- **Tipp:**
Anstelle der Kokosraspel können auch geröstete, abgezogene, gemahlene Mandeln verwendet werden.

Bounty-Muffins

Zubereitungszeit: 25 Min.
Backzeit: etwa 30 Min.

Pro Stück:
E: 4 g, F: 18 g, Kh: 47 g,
kJ: 1605, kcal: 383

Für den All-in-Teig:
- **175 g Weizenmehl**
- **2 gestr. TL Backpulver**
- **1 Pck. Saucen-Pulver Vanille-Geschmack**
- **1/2 gestr. TL Natron**
- **30 g Kokosraspel**
- **125 g Zucker**
- **2 Eier (Größe M)**
- **75 ml Speiseöl**
- **75 ml Kokosmilch (aus der Dose)**
- **150 g saure Sahne**

- **12 Bounty Miniatures**

Zum Verzieren und Garnieren:
- **200 ml Schlagsahne**
- **1 Pck. Vanillin-Zucker**
- **12 Bounty Miniatures**
- **2 EL geröstete Kokosraspel**

1 Für den Teig Mehl mit Backpulver, Saucen-Pulver und Natron mischen und in eine Rührschüssel sieben. Kokosraspel, Zucker, Eier, Öl, Kokosmilch und saure Sahne hinzufügen und mit Handrührgerät mit Rührbesen auf höchster Stufe in zwei Minuten zu einem Teig verarbeiten.

2 Jeweils 1 Esslöffel Teig in eine Muffinform für 12 Muffins (gefettet, gemehlt) füllen, je ein Bounty Miniatures darauf legen und mit dem restlichen Teig bedecken. Die Form auf dem Rost in den Backofen schieben.

Ober-/Unterhitze:
etwa 180 °C (vorgeheizt)
Heißluft: etwa 160 °C (vorgeheizt)
Gas: Stufe 2–3 (vorgeheizt)
Backzeit: etwa 30 Min.

3 Gebäck nach dem Backen in der Form stehen lassen, bis sie fast erkaltet sind, dann aus der Form lösen und auf einem Kuchenrost erkalten lassen.

4 Zum Verzieren Sahne mit Vanillin-Zucker steif schlagen und in einen Spritzbeutel mit großer Sterntülle (Ø etwa 10 mm) füllen. Auf jeden Muffin einen Tuff spritzen und mit Bounty Miniatures und Kokosraspeln garnieren.

- **Tipp:**
Anstelle von Kokosmilch kann auch Kokossirup verwendet werden, dann aber den Zucker für den Teig auf 100 g reduzieren.
Zum Verzieren in die Sahne zusätzlich 25 g geröstete Kokosraspel geben oder die Sahne mit 2 Esslöffeln Kokosmilch abschmecken.
Anstelle von Bounty Miniatures schmecken die Muffins auch mit Mars Miniatures, dann Kokosraspel und Kokosmilch gegen abgezogene, gemahlene Mandeln und Milch austauschen.

Limetten-Mohn-Muffins

Zubereitungszeit: 25 Min.
Backzeit: 20–25 Min.

Pro Stück:
E: 5 g, F: 21 g, Kh: 39 g,
kJ: 1556, kcal: 372

Für den Rührteig:
- **175 g weiche Butter oder Margarine**
- **100 g Zucker**
- **1 Pck. Vanillin-Zucker**
- **2 Eier (Größe M)**
- **230 g Weizenmehl**
- **3 gestr. TL Backpulver**
- **½ gestr. TL Natron**
- **75 ml (6 EL) Milch oder Schlagsahne**
- **abgeriebene Schale und Saft von 1 Limette (unbehandelt)**
- **100 g gemahlener Mohn**
- **1 EL Honig**
- **25 g weiche Butter**
- **2 geh. EL Zitronen- marmelade**

Für den Guss:
- **100–150 g gesiebter Puderzucker**
- **Saft von 1 Limette**

Zum Garnieren:
- **Streifen von Limettenschale**

1 Für den Teig Butter oder Margarine mit Handrührgerät mit Rührbesen auf höchster Stufe geschmeidig rühren. Nach und nach Zucker und Vanillin-Zucker unterrühren. So lange rühren, bis eine gebundene Masse entstanden ist.

2 Eier unterrühren (etwa ½ Minute). Mehl mit Backpulver und Natron mischen, sieben und portionsweise abwechselnd mit der Milch oder Sahne auf mittlerer Stufe unterrühren.

3 Den Teig halbieren. Eine Teighälfte mit Limettenschale und -saft verrühren, unter die andere Teighälfte Mohn, Honig, Butter und Zitronenmarmelade rühren.

4 Den Mohnteig in eine Muffinform für 12 Muffins (gefettet, gemehlt) füllen und glatt streichen, den Limettenteig darauf verteilen und die Form auf dem Rost in den Backofen schieben.

Ober-/Unterhitze:
etwa 180 °C (vorgeheizt)
Heißluft: etwa 160 °C (vorgeheizt)
Gas: Stufe 2–3 (vorgeheizt)
Backzeit: 20–25 Min.

5 Die Muffins nach dem Backen 10 Minuten in der Form stehen lassen, dann herauslösen und auf einem mit Backpapier belegten Kuchenrost erkalten lassen.

6 Für den Guss Puderzucker mit Limettensaft zu einer dickflüssigen Masse verrühren und mit Hilfe eines Pinsels auf die Muffins streichen.

7 Zum Garnieren etwas Limettenschale mit einem Zestenreißer abschälen oder mit einem Messer in feine Streifen schneiden und auf den noch feuchten Guss streuen.

After-Eight-Muffins

Zubereitungszeit: 25 Min.,
ohne Abkühlzeit
Backzeit: etwa 30 Min.

Pro Stück:
E: 4 g, F: 9 g, Kh: 50 g,
kJ: 1397, kcal: 333

Für den All-in-Teig:
- **225 g Weizenmehl**
- **2 gestr. TL Backpulver**
- **½ gestr. TL Natron**
- **125 g Zucker**
- **2 Eier (Größe M)**
- **75 ml Speiseöl**
- **75 ml Pfefferminzlikör**
- **150 g Naturjoghurt**

- **100 g After-Eight-Täfelchen**

Zum Verzieren und Garnieren:
- **150 g gesiebter Puderzucker**
- **2–3 EL Pfefferminzlikör**
- **einige After-Eight-Täfelchen**

1 Für den Teig Mehl mit Backpulver und Natron mischen und in eine Rührschüssel sieben. Zucker, Eier, Öl, Likör und Joghurt hinzufügen und alles mit Handrührgerät mit Rührbesen in etwa 2 Minuten zu einem Teig verarbeiten. Klein gehackte After-Eight-Täfelchen unterheben.

2 Teig in eine Muffinform für 12 Muffins (gefettet, gemehlt) füllen und die Form auf dem Rost in den Backofen schieben.

Ober-/Unterhitze:
etwa 180 °C (vorgeheizt)
Heißluft: etwa 160 °C (vorgeheizt)
Gas: Stufe 2–3 (vorgeheizt)
Backzeit: etwa 30 Min.

3 Gebäck nach dem Backen 10 Minuten in der Form stehen lassen, dann aus der Form lösen und auf einem Kuchenrost erkalten lassen.

4 Zum Verzieren und Garnieren Puderzucker mit Likör verrühren, so dass ein dickflüssiger Guss entsteht. Jeweils etwas von dem Guss in die Mitte der Muffins geben, mit je einem diagonal halbierten After-Eight-Täfelchen belegen und den Guss fest werden lassen.

- **Tipp:**
Der Pfefferminzlikör kann im Teig durch Milch und im Guss durch Wasser ersetzt werden.
Die After-Eight-Täfelchen können besonders gut gehackt werden, wenn sie vorher kurz ins Gefrierfach gelegt werden.

Caramac-Muffins

Zubereitungszeit: 40 Min.
Backzeit: etwa 30 Min.

Pro Stück:
E: 4 g, F: 17 g, Kh: 52 g,
kJ: 1622, kcal: 388

Für den All-in-Teig:
- ■ **200 g Weizenmehl**
- ■ **3 gestr. TL Backpulver**
- ■ **1 Pck. Pudding-Pulver**
  Karamell-Geschmack
- ■ **125 g Zucker**
- ■ **1 Pck. Vanillin-Zucker**
- ■ **2 Eier (Größe M)**
- ■ **150 g weiche Butter**
  oder Margarine
- ■ **200 ml Schlagsahne**

- ■ **3 Riegel Caramac**
  (Karamellriegel)

Zum Garnieren:
- ■ **150 g Zucker**
- ■ **nach Belieben**
  3 Riegel Caramac

1 Für den Teig Mehl mit Back-pulver und Pudding-Pulver mischen und in eine Rührschüssel sieben. Zucker, Vanillin-Zucker, Eier, Butter oder Margarine und Sahne hinzufügen und mit Handrührgerät mit Rührbesen auf höchster Stufe in etwa 2 Minuten zu einem Teig verar-beiten. Caramac klein hacken und unterrühren.

2 Teig in eine Muffinform für 12 Muffins (gefettet, gemehlt) füllen und die Form auf dem Rost in den Backofen schieben.

Ober-/Unterhitze:
etwa 180 °C (vorgeheizt)
Heißluft: etwa 160 °C (vorgeheizt)
Gas: Stufe 2–3 (vorgeheizt)
Backzeit: etwa 30 Min.

3 Gebäck nach dem 10 Minuten in der lassen, dann aus der Form auf einem Kuchenrost erkalt lassen.

4 Zum Garnieren Zucker in ei-nem kleinen Topf erhitzen, auf-lösen und leicht bräunen lassen. Den Topf sofort auf ein kaltes, feuchtes Küchentuch stellen und mit einer Gabel so lange rühren, bis die Masse zäh wird. Dann die Muffins mit Hilfe der Gabel damit einspinnen.

5 Nach Belieben die Caramac in grobe Stücke brechen und auf die Muffins legen.

■ **Tipp:**
Die Muffins erst kurz vor dem Servie-ren einspinnen, da die Karamellfäden durch die Luftfeuchtigkeit sehr schnell weich werden.

Mars-Birnen-Muffins

**Zubereitungszeit: 35 Min.,
ohne Abkühlzeit
Backzeit: etwa 25 Min.**

**E: 5 g, F: ۱2 g, KH: ۔
kJ: 1028, kcal: 246**

Für die Füllung:
- **3 kleine, weiche Birnen**
- **1–2 EL Zitronensaft**

Für den Teig:
- **100 g Mars Miniatures**
- **125 g weiche Butter
  oder Margarine**
- **1 EL lösliches Espresso-
  oder Kaffeepulver**
- **2 Eigelb (Größe M)**
- **25 g Zucker**
- **1 Pck. Finesse Bourbon-
  Vanille-Aroma**
- **100 g Weizenmehl**
- **1 gestr. TL Backpulver**
- **100 g halbe Walnusskerne**
- **2 Eiweiß (Größe M)**
- **40 g Zucker**

Zum Bestreichen:
- **50 g Quittengelee**

**Zum Besprenkeln und
Garnieren:**
- **50 g weiße Kuvertüre**
- **50 g Mars Miniatures**

1 Für die Füllung Birnen schälen, vierteln, entkernen und auf der runden Seite eng nebeneinander einschneiden. Mit Zitronensaft bestreichen und mit der Rundung nach 12 Muffins ڊ ـ ۔ ۔ für

2 Für den Teig Mars Miniatures hacken, mit Butter oder Margarine und Espresso- oder Kaffeepulver in einem Topf im Wasserbad unter Rühren auflösen. Eigelb mit Zucker und Aroma mit Handrührgerät mit Rührbesen sehr cremig rühren und die Mars-Mischung kurz unterrühren.

3 Mehl und Backpulver mischen, auf die Masse sieben und mit den Walnusskernen unterheben. Eiweiß steif schlagen, Zucker nach und nach unterschlagen und den Eischnee unterheben.

4 Den Teig auf den Birnen in der Muffinform verteilen und die Form auf dem Rost in den Backofen schieben.

**Ober-/Unterhitze:
etwa 180 °C (vorgeheizt)
Heißluft: etwa 160 °C (vorgeheizt)
Gas: Stufe 2–3 (vorgeheizt)
Backzeit: etwa 25 Min.**

5 Muffins nach dem Backen 10 Minuten in der Form stehen lassen, dann vorsichtig aus der Form lösen und auf einen mit Backpapier belegten Kuchenrost stellen.

men, die noch warmen Muffins da mit bestreichen und erkalten lassen.

7 Zum Besprenkeln Kuvertüre in kleine Stücke hacken, in einem kleinen Topf im Wasserbad bei schwacher Hitze geschmeidig rühren, in ein Papiertütchen oder einen Gefrierbeutel füllen und eine kleine Ecke abschneiden. Die Muffins damit besprenkeln und mit in Scheiben geschnittenen Mars Miniatures garnieren.

- **Tipp:**

Die Mars Miniatures lassen sich sehr gut hacken und in Scheiben schneiden, wenn sie vorher kurz in den Kühlschrank oder das Gefrierfach gelegt werden.
Die Muffins vor dem Servieren in bunte Papierbackförmchen stellen.

Pflaumen-Pudding-Bällchen

Zubereitungszeit: 45 Min.,
ohne Teiggehzeit
Backzeit: etwa 20 Min.

Pro Stück:
E: 4 g, F: 9 g, Kh: 39 g,
kJ: 1113, kcal: 266

Für den Hefeteig:
- **1 Pck. (357 g) Grund-mischung Hefeteig**
- **150 ml Milch**
- **75 g Butter oder Margarine**

Für die Füllung:
- **1 Pck. Pudding-Pulver Vanille-Geschmack**
- **30 g Zucker**
- **350 ml Milch**
- **12 entsteinte, weiche Trockenpflaumen**

Zum Bestreichen:
- **etwas Milch**

Zum Bestreuen:
- **1 EL Hagelzucker**

1 Teig nach Packungsanleitung aus den hier angegebenen Zutaten zubereiten und zugedeckt so lange an einem warmen Ort stehen lassen, bis er sich sichtbar vergrößert hat.

2 Für die Füllung aus Pudding-Pulver und Zucker, aber nur mit 350 ml Milch einen Pudding nach Packungsanleitung zubereiten und ihn unter gelegentlichem Rühren erkalten lassen.

3 Den Teig leicht mit Mehl bestäuben, aus der Schüssel nehmen und auf der Arbeitsfläche nochmals kurz durchkneten. Teig zu einem Rechteck von 33 x 44 cm ausrollen und 12 Quadrate von 11 x 11 cm ausschneiden.

4 Den abgekühlten Pudding in die Mitte der Teigquadrate geben, jeweils 1 Trockenpflaume darauf legen, Teigränder mit Milch bestreichen und so zusammenklappen und -drücken, dass Bällchen entstehen.

5 Teigbällchen mit der zusammengedrückten Naht nach unten in eine gefettete Muffinform für 12 Muffins legen und nochmals zugedeckt so lange an einem warmen Ort stehen lassen, bis sich die Bällchen sichtbar vergrößert haben.

6 Teigbällchen mit Milch bestreichen, mit Hagelzucker bestreuen und die Form auf dem Rost in den Backofen schieben.

Ober-/Unterhitze:
180–200 °C (vorgeheizt)
Heißluft: 160–180 °C (vorgeheizt)
Gas: etwa Stufe 3 (vorgeheizt)
Backzeit: etwa 20 Min.

7 Die Bällchen nach dem Backen noch 5 Minuten in der Form stehen lassen, dann aus der Form lösen und auf einem Kuchenrost erkalten lassen.

■ **Tipp:**

Die Bällchen können auch warm serviert werden, z. B. mit Pflaumensauce oder Karamell-Sahne-Sauce.
Anstelle von 1 Päckchen Pudding-Pulver Vanille-Geschmack kann auch 1 Päckchen backfeste Puddingcreme verwendet werden. Dann aber Zucker weglassen und nur 250 ml Milch verwenden.

Maulwurfshügel-Muffins

Zubereitungszeit: 45 Min.,
ohne Kühlzeit
Backzeit: etwa 25 Min.

Pro Stück:
E: 4 g, F: 15 g, Kh: 29 g,
kJ: 1161, kcal: 277

Für den Rührteig:
- **150 g Butter oder Margarine**
- **125 g Zucker**
- **1 Pck. Vanillin-Zucker**
- **3 Eier (Größe M)**
- **175 g Weizenmehl**
- **2 gestr. TL Backpulver**
- **10 g Kakaopulver**
- **3–4 EL Milch**
- **50 g Zartbitter-Raspelschokolade**

Für die Füllung:
- **250 g Erdbeeren**
- **100 g Schmand**
- **20 g Zucker**
- **1 Pck. Vanillin-Zucker**

Zum Bestreichen:
- **2 EL Erdbeerkonfitüre**
- **1 TL Wasser**

Zum Garnieren:
- **einige Erdbeeren in Scheiben**

1 Für den Teig Butter oder Margarine mit Handrührgerät mit Rührbesen auf höchster Stufe geschmeidig rühren. Nach und nach Zucker und Vanillin-Zucker unterrühren. So lange rühren, bis eine gebundene Masse entstanden ist.

2 Eier nach und nach unterrühren (jedes Ei etwa 1/2 Minute). Mehl mit Backpulver und Kakao mischen, sieben und portionsweise abwechselnd mit der Milch auf mittlerer Stufe unterrühren. Zuletzt Raspelschokolade kurz unterrühren.

3 Den Teig in eine Muffinform für 12 Muffins (gefettet, gemehlt) geben und glatt streichen. Die Form auf dem Rost in den Backofen schieben.

Ober-/Unterhitze:
etwa 180 °C (vorgeheizt)
Heißluft: etwa 160 °C (vorgeheizt)
Gas: Stufe 2–3 (vorgeheizt)
Backzeit: etwa 25 Min.

4 Die Muffins 10 Minuten in der Form stehen lassen, dann aus der Form lösen und auf einem Kuchenrost erkalten lassen. Von jedem Muffin einen Deckel abschneiden.

Die Muffinunterteile mit einem Teelöffel so aushöhlen, dass ein etwa 1 cm starker Rand stehen bleibt. Die Deckel ebenfalls etwas aushöhlen. Die Gebäckreste zerbröseln. Gut 5 Esslöffel von den Bröseln zum Garnieren beiseite stellen.

5 Für die Füllung Erdbeeren waschen, gut abtropfen lassen, entstielen und in kleine Würfel schneiden. Schmand mit Zucker und Vanillin-Zucker mit einem Schneebesen gut verrühren. Erdbeerwürfel und die restlichen Gebäckbrösel vorsichtig unterheben.

6 Die Bröselmasse mit einem Teelöffel bergartig in die Vertiefungen der Muffinunterteile füllen.

7 Zum Bestreichen Konfitüre mit Wasser in einem kleinen Topf aufkochen lassen. Die Gebäckdeckel mit Hilfe eines Pinsels damit bestreichen. Deckel mit den beiseite gestellten Gebäckbröseln bestreuen und die Brösel etwas andrücken. Die Deckel auf die Füllung legen und die Muffins etwa 30 Minuten kalt stellen.

8 Die Muffins vor dem Servieren mit Erdbeerscheiben garnieren.

Fanta-Kokos-Muffins*

Zubereitungszeit: 35 Min.,
ohne Abkühlzeit
Backzeit: etwa 25 Min.

Pro Stück:
E: 3 g, F: 20 g, Kh: 33 g,
kJ: 1407, kcal: 336

Für den Schüttelteig:
- **200 g Weizenmehl**
- **2 gestr. TL Backpulver**
- **150 g gesiebter Puderzucker**
- **50 g Kokosraspel**
- **1 Pck. Finesse Orangenfrucht**
- **1 Ei (Größe M)**
- **125 ml (⅛ l) Speiseöl**
- **200 ml Fanta Orange**

Für die Füllung:
- **250 ml (¼ l) Schlagsahne**
- **1 Pck. Vanillin-Zucker**
- **1 Pck. Sahnesteif**

Für den Guss:
- **1 Pck. Galetta Cremepulver Vanille-Geschmack**
- **275 ml Fanta Orange**
- **25 g Kokosraspel**

1 Für den Teig Mehl mit Backpulver mischen, in eine verschließbare Schüssel (3 l) sieben und mit Puderzucker, Kokosraspeln und Orangenfrucht mischen. Ei, Öl und Fanta hinzufügen. Schüssel mit dem Deckel fest verschließen und mehrmals kräftig schütteln (insgesamt etwa 30 Sekunden).

2 Alles mit einem Schneebesen oder Rührlöffel nochmals sorgfältig durchrühren, damit trockene Zutaten vom Rand mit untergerührt werden.

3 Den Teig in eine gefettete Muffinform für 12 Muffins füllen und die Form auf dem Rost in den Backofen schieben.

Ober-/Unterhitze:
etwa 180 °C (vorgeheizt)
Heißluft: etwa 160 °C (vorgeheizt)
Gas: Stufe 2–3 (vorgeheizt)
Backzeit: etwa 25 Min.

4 Die Muffins nach dem Backen 10 Minuten in der Form stehen lassen, dann vorsichtig aus der Form lösen und auf einem mit Backpapier belegten Kuchenrost erkalten lassen. Erkaltete Muffins einmal waagerecht durchschneiden.

5 Für die Füllung Sahne mit Vanillin-Zucker und Sahnesteif steif schlagen, auf die unteren Gebäckhälften verteilen, glatt streichen und die oberen Gebäckhälften darauf legen.

6 Für den Guss Galetta nach Packungsanleitung, aber mit der hier angegebenen Menge Fanta zubereiten und sofort auf den Muffins verteilen. Kokosraspel darauf streuen und die Muffins etwa 30 Minuten kalt stellen.

- **Tipp:**

Anstelle von Fanta Orange schmeckt auch Fanta Wild Berries sehr gut, dann aber nur 125 g Puderzucker für den Teig verwenden.

* Nicht durch Coca-Cola autorisiert

Gewürzte Kaffeetörtchen

Zubereitungszeit: 40 Min.,
ohne Abkühlzeit
Backzeit: etwa 30 Min.

Pro Stück:
E: 5 g, F: 15 g, Kh: 29 g,
kJ: 1174, kcal: 280

Für den Schüttelteig:
- **200 g Weizenmehl**
- **2 gestr. TL Backpulver**
- **120 g Zucker**
- **1 Pck. Vanillin-Zucker**
- **3 Eier (Größe M)**
- **120 g zerlassene, abgekühlte Butter oder Margarine**
- **125 ml (¹/₈ l) Milch**
- **3 TL Instant-Espressopulver**
- **2 EL heißes Wasser**

Für die Creme:
- **125 g Mascarpone (italienischer Frischkäse)**
- **50 g gesiebter Puderzucker**
- **1 TL Instant-Espressopulver**
- **¹/₂ gestr. TL gemahlener Kardamom**
- **1 gestr. TL Kakaopulver**

Zum Bestreuen und Garnieren:
- **Instant-Espressopulver**
- **einige Kaffeebohnen**
- **einige Schokoladenlocken**
- **Kakaopulver**

1 Für den Teig Mehl mit Backpulver mischen, in eine verschließbare Schüssel (3 l) sieben, und mit Zucker und Vanillin-Zucker mischen. Eier, Butter oder Margarine und Milch hinzufügen. Espressopulver im Wasser auflösen, zu den Zutaten geben und die Schüssel mit dem Deckel fest verschließen.

2 Schüssel mehrmals kräftig schütteln (insgesamt etwa 30 Sekunden). Alles mit einem Schneebesen oder Rührlöffel nochmals sorgfältig durchrühren, damit trockene Zutaten vom Rand mit untergerührt werden.

3 12 Papierbackförmchen in eine Muffinform für 12 Muffins stellen, den Teig einfüllen und die Form auf dem Rost in den Backofen schieben.

Ober-/Unterhitze:
etwa 200 °C (vorgeheizt)
Heißluft: etwa 180 °C (vorgeheizt)
Gas: Stufe 3–4 (vorgeheizt)
Backzeit: etwa 30 Min.

4 Die Törtchen 10 Minuten in der Form stehen lassen, dann mit den Papierbackförmchen aus der Form nehmen und auf einem Kuchenrost erkalten lassen.

5 Für die Creme Mascarpone mit Puderzucker geschmeidig rühren. Die Creme halbieren. Espressopulver und Kardamom unter die eine Hälfte, Kakao unter die andere Hälfte der Creme rühren. Jeweils 6 Törtchen mit einer Creme bestreichen.

6 Zum Bestreuen und Garnieren kurz vor dem Servieren die Espressocreme-Törtchen mit Espressopulver bestreuen und mit Kaffeebohnen garnieren. Die Kakaocreme-Törtchen mit Schokoladenlocken garnieren und mit Kakaopulver bestreuen.

- **Tipp:**
Anstelle von Kardamom Lebkuchengewürz unter die Creme rühren. Die Kakaocreme zusätzlich mit etwas Orangenlikör abschmecken.
Anstelle von Instant-Espressopulver kann auch lösliches Kaffeepulver verwendet werden.

Gefüllte Weincreme-Pilze

***Zubereitungszeit: 35 Min.,
ohne Abkühlzeit
Backzeit: etwa 20 Min.***

***Pro Stück:
E: 4 g, F: 13 g, Kh: 25 g,
kJ: 1010, kcal: 241***

Für den Biskuitteig:

- **3 Eier (Größe M)**
- **2 EL Weißwein**
- **125 g Zucker**
- **1 Pck. Vanillin-Zucker**
- **100 g Weizenmehl**
- **25 g Speisestärke**
- **1 gestr. TL Backpulver**
- **50 g abgezogene, gemahlene Mandeln**
- **50 g zerlassene, abgekühlte Butter oder Margarine**

Für die Füllung:

- **200 ml Schlagsahne**
- **1 Pck. Sahnesteif**
- **1 Pck. Vanillin-Zucker**
- **3 EL Weißwein**
- **200 g grüne und blaue kernlose Weintrauben**

Zum Bestäuben:

- **etwas Puderzucker**

1 Für den Teig Eier und Wein mit Handrührgerät mit Rührbesen auf höchster Stufe in 1 Minute schaumig schlagen. Zucker und Vanillin-Zucker mischen, in 1 Minute einstreuen, dann noch etwa 2 Minuten schlagen.

2 Mehl mit Speisestärke und Backpulver mischen, die Hälfte davon auf die Eiercreme sieben und kurz auf niedrigster Stufe unterrühren. Den Rest des Mehlgemisches auf die gleiche Weise unterarbeiten. Zuletzt Mandeln und Butter oder Margarine vorsichtig unterrühren. Den Teig in eine Muffinform für 12 Muffins (gefettet, gemehlt) füllen. Die Form auf dem Rost in den Backofen schieben.

**Ober-/Unterhitze:
etwa 180 °C (vorgeheizt)
Heißluft: etwa 160 °C (vorgeheizt)
Gas: Stufe 2–3 (vorgeheizt)
Backzeit: etwa 20 Min.**

3 Die Muffins 10 Minuten in der Form stehen lassen, dann aus der Form lösen und auf einem Kuchenrost erkalten lassen. Von den Muffins je einen Deckel abschneiden und beiseite legen.

4 Für die Füllung Sahne mit Sahnesteif und Vanillin-Zucker steif schlagen. Den Wein vorsichtig unterheben. 2 Esslöffel der Sahnemasse abnehmen und in ein großes Papiertütchen oder einen Spritzbeutel mit sehr kleiner Lochtülle füllen. Restliche Sahnemasse mit einem Teelöffel auf die unteren Gebäckteile streichen.

5 Weintrauben waschen, entstielen, evtl. halbieren (einige zum Garnieren beiseite stellen) und auf der Sahnemasse verteilen. Die Deckel darauf legen und etwas andrücken. Vom Papiertütchen eine große Ecke abschneiden und Tuffs auf die Deckel spritzen. Die Deckel mit den beiseite gestellten Weintrauben garnieren.

6 Muffins etwa 30 Minuten kalt stellen und vor dem Servieren mit Puderzucker bestäuben.

- **Tipp:**

Für Kinder statt Wein Apfelsaft, hellen Traubensaft oder Zitronenlimonade verwenden.

Schnelle Bienenstichtörtchen

Zubereitungszeit: 30 Min., ohne Abkühlzeit
Backzeit: 20–25 Min.

Pro Stück:
E: 5 g, F: 11 g, Kh: 23 g, kJ: 933, kcal: 223

Für den Quark-Öl-Teig:
- **150 g Weizenmehl**
- **4 gestr. TL Backpulver**
- **75 g Speisequark**
- **50 ml Milch**
- **50 ml Speiseöl**
- **40 g Zucker**
- **1 Pck. Vanillin-Zucker**

Für den Belag:
- **50 g Zucker**
- **75 g Crème fraîche**
- **75 g abgezogene, gehobelte Mandeln**

Für die Füllung:
- **250–300 g Sahne-Pudding Vanille-Geschmack (aus dem Kühlregal)**

1 Für den Teig Mehl mit Backpulver mischen und in eine Rührschüssel sieben. Quark, Milch, Öl, Zucker und Vanillin-Zucker hinzufügen. Die Zutaten mit Handrührgerät mit Knethaken auf höchster Stufe in etwa 1 Minute zu einem Teig verarbeiten (nicht zu lange, Teig klebt sonst).

2 Anschließend den Teig auf der bemehlten Arbeitsfläche zu einer Rolle formen und in 12 Stücke schneiden. Stücke in einer gefetteten Muffinform für 12 Muffins verteilen und flach in die Förmchen drücken, so dass eine glatte Oberfläche entsteht.

3 Für den Belag Zucker und Crème fraîche in einem Topf unter Rühren erhitzen, bis der Zucker gelöst ist. Mandeln hinzugeben und verrühren. Die Masse auf den Teigstücken verteilen und mit Hilfe eines Löffels glatt streichen. Die Form auf dem Rost in den Backofen schieben.

Ober-/Unterhitze:
etwa 180 °C (vorgeheizt)
Heißluft: etwa 160 °C (vorgeheizt)
Gas: Stufe 2–3 (vorgeheizt)
Backzeit: 20–25 Min.

4 Das Gebäck nach dem Backen 10 Minuten in der Form stehen lassen, dann mit Hilfe eines scharfen Messers etwas vom Rand lösen, herausnehmen und auf einem mit Backpapier belegten Kuchenrost erkalten lassen.

5 Vor dem Servieren von den Muffins jeweils einen dünnen Deckel abschneiden, je 2 gehäufte Teelöffel Pudding auf den unteren Boden streichen und den Deckel darauf setzen.

■ Tipp:
Die Törtchen können ohne Füllung bereits am Vortag zubereitet und gut verpackt aufbewahrt werden.

Pflaumenzipfel mit Haferflockenstreuseln

**Zubereitungszeit: 40 Min.,
ohne Kühlzeit
Backzeit: 35–40 Min.**

**Pro Stück:
E: 7 g, F: 20 g, Kh: 49 g,
kJ: 1746, kcal: 417**

Für den Knetteig:
- **175 g Weizenmehl**
- **1 gestr. TL Backpulver**
- **75 g kernige Haferflocken**
- **75 g Zucker**
- **1 Pck. Vanillin-Zucker**
- **1 Ei (Größe M)**
- **125 g Butter oder Margarine**

Für die Füllung:
- **6 Eierpflaumen**
- **2 Eier (Größe M)**
- **30 g brauner Zucker**
- **½ gestr. TL gemahlener Zimt**
- **75 g Schmand**

Für die Streusel:
- **100 g Weizenmehl**
- **75 g kernige Haferflocken**
- **100 g brauner Zucker**
- **1 Pck. Bourbon-Vanille-Zucker**
- **100 g weiche Butter**

1 Für den Teig Mehl mit Backpulver mischen und in eine Rührschüssel sieben. Haferflocken, Zucker, Vanillin-Zucker, Ei und Butter oder Margarine hinzufügen. Die Zutaten mit Handrührgerät mit Knethaken zunächst kurz auf niedrigster, dann auf höchster Stufe gut durcharbeiten.

2 Anschließend auf einer bemehlten Arbeitsfläche zu einem glatten Teig verkneten. Sollte er kleben, ihn in Folie gewickelt eine Zeit lang kalt stellen.

3 Teig halbieren. Jede Hälfte auf der bemehlten Arbeitsfläche zu einem Rechteck (16 x 24 cm) ausrollen und 6 Quadrate von etwa 8 x 8 cm pro Teighälfte ausschneiden. Die Teigquadrate in eine gefettete Muffinform für 12 Muffins legen, so dass die Ecken überstehen.

4 Für die Füllung Pflaumen waschen, gut abtropfen lassen und entsteinen. Pflaumen halbieren und jede Hälfte in 4 Spalten schneiden. In jedes Förmchen 4 Pflaumenspalten an die Teigspitzen stellen. Eier, Zucker, Zimt und Schmand mit einem Schneebesen gut verrühren und vorsichtig in den Förmchen verteilen.

5 Für die Streusel Mehl in eine Rührschüssel sieben, mit Haferflocken, Zucker und Vanille-Zucker mischen und Butter hinzufügen. Alle Zutaten mit Handrührgerät mit Rührbesen zu Streuseln in gewünschter Größe verarbeiten. Die Streusel zwischen die Pflaumen auf die Schmandfüllung streuen. Die Muffinform auf dem Rost in den Backofen schieben.

Ober-/Unterhitze:
etwa 180 °C (vorgeheizt)
Heißluft: etwa 160 °C
(nicht vorgeheizt)
Gas: Stufe 2–3 (nicht vorgeheizt)
Backzeit: 35–40 Min.

6 Die Muffins 10 Minuten in der Form stehen lassen, dann aus der Form lösen und auf einem Kuchenrost erkalten lassen.

- **Tipp:**
Zu den Pflaumenzipfeln geschlagene Sahne reichen.

Mandarinen-Milchreis-Muffins

Zubereitungszeit: 50 Min.
Backzeit: etwa 30 Min.

Pro Stück:
E: 6 g, F: 7 g, Kh: 24 g,
kJ: 791, kcal: 189

Für den Quark-Öl-Teig:
- **200 g Weizenmehl**
- **2 gestr. TL Backpulver**
- **125 g Magerquark**
- **3 EL Milch**
- **4 EL Speiseöl**
- **50 g Zucker**
- **1 Pck. Vanillin-Zucker**
- **1 Prise Salz**

Für den Belag:
- **1 Pck. Milchreis nach klassischer Art**
- **400 ml Milch**
- **1 Pck. Finesse Geriebene Zitronenschale**
- **2 Eier (Größe M)**
- **1 Dose Mandarinen (Abtropfgewicht 175 g)**

Zum Bestreichen:
- **etwas Milch**

Zum Bestreuen:
- **etwas Zimt-Zucker**

1 Für den Teig Mehl mit Backpulver mischen und in eine Rührschüssel sieben. Quark, Milch, Öl, Zucker, Vanillin-Zucker und Salz hinzufügen. Die Zutaten mit Handrührgerät mit Knethaken auf höchster Stufe in etwa 1 Minute zu einem Teig verarbeiten (nicht zu lange, Teig klebt sonst).

2 Anschließend den Teig auf der bemehlten Arbeitsfläche etwa 3 mm dick ausrollen, 12 Kreise (Ø 9 cm) ausstechen und in eine Muffinform für 12 Muffins (gefettet, gemehlt) legen. Dabei den Rand etwas hochdrücken.

3 Restlichen Teig auf der leicht bemehlten Arbeitsfläche zu einem Rechteck von 12 x 14 cm ausrollen und daraus 24 Streifen (etwa 14 cm lang und $\frac{1}{2}$ cm breit) mit einem Teigrädchen oder einem scharfen Messer ausschneiden. Jeweils 2 Streifen miteinander verknoten und beiseite legen.

4 Für den Belag Milchreis nach Packungsanleitung, aber mit der hier angegebenen Menge Milch zubereiten und unter Rühren abkühlen lassen. Zitronenschale und Eier unter den Milchreis rühren. Mandarinen auf einem Sieb gut abtropfen lassen und unterheben.

5 Die Milchreismasse auf dem Teig in der Muffinform verteilen und jeweils mit einem Teigknoten belegen. Teigknoten mit Milch bestreichen, mit Zimt-Zucker bestreuen und die Form auf dem Rost in den Backofen schieben.

Ober-/Unterhitze:
etwa 180 °C (vorgeheizt)
Heißluft: etwa 160 °C (vorgeheizt)
Gas: Stufe 2–3 (vorgeheizt)
Backzeit: etwa 30 Min.

6 Muffins nach dem Backen 10 Minuten in der Form stehen lassen, dann vorsichtig aus der Form lösen und auf einem mit Backpapier belegten Kuchenrost erkalten lassen.

- **Tipp:**

Nach Belieben aus etwas Mandarinensaft (etwa 2 Esslöffeln) und etwa 100 g gesiebtem Puderzucker einen dickflüssigen Guss herstellen und die erkalteten Muffins damit bestreichen.

Krokanttörtchen

Zubereitungszeit: 90 Min.
Backzeit: etwa 40 Min.

Pro Stück:
E: 7 g, F: 24 g, Kh: 37 g,
kJ: 1735, kcal: 415

Für den Knetteig:
- **200 g Weizenmehl**
- **50 g abgezogene, gemahlene Mandeln**
- **60 g Zucker**
- **1 Pck. Vanillin-Zucker**
- **1 Ei (Größe M)**
- **125 g Butter oder Margarine**

Zum Blindbacken:
- **trockene Hülsenfrüchte (Erbsen, Bohnen, Linsen)**

Für die Füllung:
- **200 ml Milch**
- **2 Eier (Größe M)**
- **2 Eigelb (Größe M)**
- **50 g Zucker**
- **Mark von 1 Vanilleschote**
- **evtl. 1–2 EL Rum**

Für den Krokant:
- **100 g gemischte Nusskerne (z. B. Mandeln, Haselnuss-, Walnusskerne)**
- **125 g Zucker**
- **30 g flüssiger Honig**
- **125 ml (¹/₈ l) Schlagsahne**
- **30 g Butter**

1 Für den Teig Mehl in eine Rührschüssel sieben. Mandeln, Zucker, Vanillin-Zucker, Ei und Butter oder Margarine hinzufügen. Die Zutaten mit Handrührgerät mit Knethaken zunächst kurz auf niedrigster, dann auf höchster Stufe gut durcharbeiten. Anschließend auf einer bemehlten Arbeitsfläche zu einem glatten Teig verkneten. Sollte er kleben, ihn in Folie gewickelt eine Zeit lang kalt stellen.

2 Teig auf der bemehlten Arbeitsfläche etwa ¹/₂ cm dick ausrollen. 12 Kreise (Ø etwa 10 cm) ausstechen, in eine gefettete Muffinform für 12 Muffins legen und am Rand andrücken, dabei den Rand leicht blütenförmig eindrücken. Teig mehrmals mit einer Gabel einstechen, jeweils ein Stück Backpapier darauf legen und mit Hülsenfrüchten füllen. Die Form auf dem Rost in den Backofen schieben und vorbacken.

Ober-/Unterhitze:
etwa 200 °C (vorgeheizt)
Heißluft: etwa 180 °C (vorgeheizt)
Gas: Stufe 3–4 (vorgeheizt)
Vorbackzeit: etwa 15 Min.

3 Die Form auf einen Kuchenrost stellen. Hülsenfrüchte und Backpapier entfernen.

4 Für die Füllung Milch, Eier, Eigelb, Zucker, Vanillemark und nach Belieben Rum in eine Schüssel geben und gut verrühren. Eier-Milch-Gemisch in die vorgebackenen Törtchen gießen. Die Form nochmals auf dem Rost in den Backofen schieben.

Ober-/Unterhitze:
etwa 160 °C (vorgeheizt)
Heißluft: etwa 140 °C (vorgeheizt)
Gas: Stufe 1–2 (vorgeheizt)
Backzeit: etwa 25 Min.

5 Törtchen nach dem Backen 10 Minuten in der Form stehen lassen, dann aus der Form lösen und auf einem Kuchenrost erkalten lassen.

6 Für den Krokant Nusskerne und Mandeln grob hacken und in einer Pfanne ohne Fett goldbraun rösten, dann aus der Pfanne nehmen und beiseite stellen. Zucker mit Honig in der Pfanne bei mittlerer Hitze unter ständigem Rühren hellbraun karamellisieren. Sahne und Butter hinzufügen und gut verrühren. Nussmischung hinzufügen und unterrühren. Die Krokantmasse esslöffelweise auf den Törtchen verteilen und fest werden lassen.

Zitronentarte-Muffins

Zubereitungszeit: 40 Min.,
ohne Abkühlzeit
Backzeit: etwa 35 Min.

Pro Stück:
E: 4 g, F: 11 g, Kh: 26 g,
kJ: 919, kcal: 219

Für den Knetteig:
- **175 g Weizenmehl**
- **40 g gesiebter Puderzucker**
- **1 Prise Salz**
- **1 Eigelb (Größe M)**
- **100 g weiche Butter**
  oder Margarine
- **1 EL Wasser**

Für die Füllung:
- **1 Pck. Fruttina Zitronen-**
  Geschmack (Fruchtpudding)
- **375 ml (³⁄₈ l) Wasser**
- **1–2 EL Zitronensaft**
- **100 g Zucker**
- **1 Eiweiß (Größe M)**
- **2 Eier (Größe M)**
- **25 g gesiebter Puderzucker**
- **75 g Schmand**
  oder Crème fraîche

- **etwas Puderzucker**

1 Für den Teig Mehl in eine Rühr-schüssel sieben. Puderzucker, Salz, Eigelb und Butter oder Marga-rine hinzufügen. Die Zutaten mit Handrührgerät mit Knethaken zu-nächst kurz auf niedrigster, dann auf höchster Stufe gut durcharbeiten. Zuletzt Wasser hinzufügen.

2 Anschließend auf einer bemehl-ten Arbeitsfläche zu einem glat-ten Teig verkneten. Sollte er kleben, ihn in Folie gewickelt eine Zeit lang kalt stellen.

3 Teig etwa 3 mm dick ausrollen, 12 Kreise (Ø 9 cm) ausstechen, in eine gefettete Muffinform für 12 Muffins legen und dabei den Rand etwas andrücken. Teig mehr-mals mit einer Gabel einstechen.

4 Für die Füllung Fruttina nach Packungsanleitung, aber mit den hier angegebenen Mengen Was-ser, Zitronensaft und Zucker zuberei-ten. Fruttina in eine Schüssel füllen, mit Frischhaltefolie zudecken und erkalten lassen.

5 Eiweiß, Eier, Puderzucker und Schmand oder Crème fraîche mit Handrührgerät mit Rührbesen etwa 1 Minute schaumig rühren und Fruttina nach und nach portions-weise unterrühren. Füllung in der Form auf dem Teig verteilen und die Form auf dem Rost in den Backofen schieben.

Ober-/Unterhitze:
etwa 180 °C (vorgeheizt)
Heißluft: etwa 160 °C (vorgeheizt)
Gas: Stufe 2–3 (vorgeheizt)
Backzeit: etwa 35 Min.

6 Nach dem Backen Muffins in der Form fast erkalten lassen, dann vorsichtig aus der Form lösen und auf einem mit Backpapier beleg-ten Kuchenrost vollständig erkalten lassen.

7 Zitronentarte-Muffins nach Belieben mit Puderzucker bestäuben.

- **Tipp:**

Anstelle von Fruttina können Sie den Fruchtpudding auch mit Zitronenlimo-nade zubereiten. Dazu Schale von 1 Zitrone (unbehandelt) abreiben, Saft auspressen und Saft mit 40 g Speise-stärke verrühren. Inhalt von 1 Dose Zitronenlimonade (330 ml) mit 50 g Zucker zum Kochen bringen, an-gerührte Speisestärke einrühren und unter Rühren nochmals aufkochen lassen. Topf von der Kochstelle neh-men. 2 Eier, Schmand und Zitronen-schale einrühren und Pudding erkal-ten lassen. Dann die Füllung auf dem Teig verteilen.

Böhmische Rumtörtchen

Zubereitungszeit: 60 Min.,
ohne Kühlzeit
Backzeit: etwa 12 Min.

Pro Stück:
E: 4 g, F: 23 g, Kh: 28 g,
kJ: 1537, kcal: 367

Für den Knetteig:

- **175 g Weizenmehl**
- **50 g Puderzucker**
- **1 Pck. Vanillin-Zucker**
- **100 g Butter**
- **1 Eigelb (Größe M)**
- **½ Pck. Finesse Geriebene Zitronenschale**

Für die Füllung:

- **200 g Biskuitkekse (z. B. Eierplätzchen)**
- **125 ml (⅛ l) Rum**
- **75 ml Wasser oder Orangensaft**
- **150 g weiche Butter**

Außerdem:

- **75 g Kuvertüre**
- **1 TL Speiseöl**
- **halbierte kandierte Kirschen, Haselnusskerne oder Mandeln**

1 Für den Teig Mehl in eine Rührschüssel sieben. Puderzucker, Vanillin-Zucker, Butter, Eigelb und Zitronenschale hinzufügen. Die Zutaten mit Handrührgerät mit Knethaken zunächst kurz auf niedrigster, dann auf höchster Stufe gut durcharbeiten.

2 Teig auf einer bemehlten Arbeitsfläche zu einem glatten Teig verkneten. Sollte er kleben, ihn in Folie gewickelt eine Zeit lang kalt stellen.

3 Den Teig auf bemehlter Arbeitsfläche dünn ausrollen, 12 große runde Kreise (Ø etwa 11 cm) ausstechen und so in eine gefettete Muffinform für 12 Muffins drücken, dass der Teig bis zum Rand reicht. Teig am Rand mit einem Messer gerade schneiden und den Teigboden mehrmals mit einer Gabel einstechen. Die Form auf dem Rost in den Backofen schieben.

Ober-/Unterhitze:
etwa 200 °C (vorgeheizt)
Heißluft: etwa 180 °C (vorgeheizt)
Gas: Stufe 3–4 (vorgeheizt)
Backzeit: etwa 12 Min.

4 Gebäck 10 Minuten in der Form stehen lassen, dann vorsichtig aus der Form lösen und auf einem Kuchenrost erkalten lassen.

5 Für die Füllung Biskuitkekse in einen Gefrierbeutel füllen, Beutel verschließen und die Kekse mit einer Teigrolle zerdrücken. Brösel mit Rum und Wasser oder Orangensaft tränken und mit Butter zu einer cremigen Masse verrühren. Teigförmchen mit der Creme füllen und mindestens 30 Minuten kalt stellen.

6 Kuvertüre mit Öl in einem kleinen Topf im Wasserbad zu einer geschmeidigen Masse verrühren, in einen Gefrierbeutel oder ein Papiertütchen füllen und eine kleine Ecke abschneiden. Ein Gitter über das Gebäck spritzen und die Rumstücke beliebig mit kandierten Kirschen, Haselnusskernen oder Mandeln garnieren. Die Rumtörtchen bis zum Servieren kalt stellen.

Mini-Birnen-Muffins

Zubereitungszeit: 25 Min.,
ohne Auftauzeit
Backzeit: 15–20 Min.

Pro Stück:
E: 3 g, F: 15 g, Kh: 24 g,
kJ: 1028, kcal: 246

Für den Teig:
- ■ **1 Pck. (450 g, 4 Platten) TK-Blätterteig**

Für die Füllung:
- ■ **1 Pck. Pudding-Pulver Sahne-Geschmack**
- ■ **150 ml Schlagsahne**
- ■ **50 g Zucker**
- ■ **1 Ei (Größe M)**
- ■ **2 Dosen Cocktailbirnen (Abtropfgewicht je 200 g)**

Zum Bestäuben:
- ■ **1 EL Puderzucker**

1 Für den Teig Blätterteigplatten zugedeckt nebeneinander auftauen lassen.

2 Je 2 Platten aufeinander legen und auf der leicht bemehlten Arbeitsfläche zu je einem Rechteck (20 x 30 cm) ausrollen. Daraus je 6 Quadrate (10 x 10 cm) schneiden.

3 Teigplatten in eine gefettete Muffinform für 12 Muffins drücken, dabei die Ecken über den Rand stehen lassen.

4 Für die Füllung Pudding-Pulver mit Sahne verrühren, Zucker und Ei hinzugeben, unterrühren und die Masse in die Muffinform auf den Blätterteig gießen. Birnen auf einem Sieb abtropfen lassen und je eine Birne (oder 1 1/2 sehr kleine Birnen) darauf setzen.

5 Die Form auf dem Rost in den Backofen schieben.

Ober-/Unterhitze:
etwa 200 °C (vorgeheizt)
Heißluft: etwa 180 °C (vorgeheizt)
Gas: Stufe 3–4 (vorgeheizt)
Backzeit: 15–20 Min.

6 Die Muffins 5 Minuten in der Form stehen lassen, dann aus der Form lösen und auf einem Kuchenrost erkalten lassen. Vor dem Servieren die Muffins mit Puderzucker bestäuben.

■ **Tipp:**
Die Mini-Birnen-Muffins schmecken frisch zubereitet am besten.

Apfel-Streusel-Törtchen

Zubereitungszeit: 25 Min.
Backzeit: 25–30 Min.

Pro Stück:
E: 4 g, F: 19 g, Kh: 33 g,
kJ: 1381, kcal: 330

Für den Streuselteig:
- **225 g Weizenmehl**
- **1 gestr. TL Backpulver**
- **30 g Haferflocken**
- **100 g abgezogene, gemahlene Mandeln**
- **150 g Zucker**
- **2 Pck. Vanillin-Zucker**
- **½ TL gemahlener Zimt**
- **200 g zerlassene Butter**

- **1 Glas (360 g) stückiges Apfelmus (Apfelkompott)**
- **abgeriebene Schale von ½ Zitrone (unbehandelt)**

1 Für den Teig Mehl mit Backpulver mischen und in eine Rührschüssel sieben. Haferflocken, Mandeln, Zucker, Vanillin-Zucker, Zimt und Butter hinzufügen. Die Zutaten mit Handrührgerät mit Rührbesen zu Streuseln verarbeiten und eine Zeit lang kalt stellen.

2 Gut die Hälfte der Streusel in eine gefettete Muffinform für 12 Muffins geben und leicht andrü-

cken. Das Apfelkompott mit Zitronenschale verrühren, mit Hilfe eines Teelöffels darauf verteilen und die übrigen Streusel darüber streuen. Die Form auf dem Rost in den Backofen schieben.

Ober-/Unterhitze:
etwa 180 °C (vorgeheizt)
Heißluft: etwa 160 °C (vorgeheizt)
Gas: Stufe 2–3 (vorgeheizt)
Backzeit: 25–30 Min.

3 Die Muffins in der Form stehen lassen, bis sie fast erkaltet sind, dann aus der Form lösen und auf einem Kuchenrost erkalten lassen.

Schokomuffins mit Puffreis

Titelfoto

Zubereitungszeit: 15 Min.
Backzeit: etwa 25 Min.

Pro Stück:
E: 6 g, F: 17 g, Kh: 27 g,
kJ: 1226, kcal: 293

Für den Rührteig:
- **100 g Zartbitterschokolade**
- **125 g Butter oder Margarine**
- **100 g Marzipan-Rohmasse**

- **75 g Zucker**
- **1 Pck. Vanillin-Zucker**
- **1 Prise Salz**
- **4 Eier (Größe M)**
- **150 g Weizenmehl**
- **2 gestr. TL Backpulver**

Zum Bestreuen:
- **4–5 EL bunter Puffreis**

1 Für den Teig Schokolade hacken und in einem kleinen Topf im Wasserbad bei schwacher Hitze

geschmeidig rühren. Schokolade etwas abkühlen lassen.

2 Butter oder Margarine mit klein geschnittener Marzipan-Rohmasse in einer Rührschüssel mit Handrührgerät mit Rührbesen auf höchster Stufe geschmeidig rühren. Nach und nach Zucker, Vanillin-Zucker und Salz unterrühren. So lange rühren, bis eine gebundene Masse entstanden ist.

(Fortsetzung Seite 52)

3 Eier nach und nach unterrühren (jedes Ei etwa ½ Minute). Zwei Drittel der Schokolade langsam unterrühren. Mehl und Backpulver mischen, sieben und portionsweise kurz auf mittlerer Stufe unterrühren.

4 Eine Muffinform für 12 Muffins mit Papierbackförmchen auslegen und Teig einfüllen. Form auf dem Rost in den Backofen schieben.

Ober-/Unterhitze:
etwa 180 °C (vorgeheizt)
Heißluft: etwa 160 °C (vorgeheizt)
Gas: Stufe 2–3 (vorgeheizt)
Backzeit: etwa 25 Min.

5 Muffins nach dem Backen 10 Minuten in der Form stehen lassen, dann mit Papierbackförmchen aus der Form nehmen und auf einem Kuchenrost erkalten lassen.

6 Restliche Schokolade nochmals leicht erwärmen, in einen Gefrierbeutel oder ein Papiertütchen füllen und eine kleine Ecke abschneiden. Schokolade spiralförmig auf die Muffins spritzen, mit Puffreis bestreuen und fest werden lassen.

Himbeertörtchen

Foto

Zubereitungszeit: 45 Min.
Backzeit: etwa 35 Min.

Pro Stück:
E: 4 g, F: 12 g, Kh: 24 g,
kJ: 939, kcal: 224

Für den Knetteig:
- **175 g Weizenmehl**
- **½ gestr. TL Backpulver**
- **75 g Zucker**
- **2 EL Schlagsahne**
- **100 g Butter oder Margarine**

Für die Füllung:
- **200 g TK-Himbeeren**
- **2 Eier (Größe M)**
- **60 g Zucker**
- **1 Msp. gemahlener Zimt**
- **125 ml (⅛ l) Schlagsahne**

Nach Belieben:
- **Puderzucker**

1 Für den Teig Mehl mit Backpulver mischen und in eine Rührschüssel sieben. Zucker, Sahne und Butter oder Margarine hinzufügen.

2 Die Zutaten mit Handrührgerät mit Knethaken zunächst kurz auf niedrigster, dann auf höchster Stufe gut durcharbeiten. Anschließend auf der bemehlten Arbeitsfläche zu einem glatten Teig verkneten. Sollte er kleben, ihn in Folie gewickelt eine Zeit lang kalt stellen.

3 Den Teig dünn ausrollen, 12 Kreise (Ø etwa 10 cm) ausstechen, in eine gefettete Muffinform für 12 Muffins legen und am Rand andrücken. Die Teigböden mit einer Gabel mehrmals einstechen.

4 Für die Füllung die gefrorenen Himbeeren auf dem Teig verteilen. Eier mit Zucker und Zimt schaumig schlagen und die Sahne unterrühren. Die Eimasse auf den Himbeeren verteilen und die Form auf dem Rost in den Backofen schieben.

Ober-/Unterhitze:
etwa 180 °C (vorgeheizt)
Heißluft: etwa 160 °C
(nicht vorgeheizt)
Gas: Stufe 2–3 (nicht vorgeheizt)
Backzeit: etwa 35 Min.

5 Die Törtchen 10 Minuten in der Form stehen lassen, dann vorsichtig aus der Form lösen und auf einem mit Backpapier belegten Kuchenrost erkalten lassen. Törtchen nach Belieben mit Puderzucker bestreuen.

Kokos-Orangen-Törtchen

Zubereitungszeit: 45 Min.,
ohne Abkühlzeit
Backzeit: etwa 20 Min.

Pro Stück:
E: 3 g, F: 12 g, Kh: 16 g,
kJ: 793, kcal: 189

Für den Rührteig:
- **150 g Butter oder Margarine**
- **100 g Marzipan-Rohmasse**
- **100 g Zucker**
- **1 Pck. Vanillin-Zucker**
- **1 Prise Salz**
- **4 Eier (Größe M)**
- **1 Pck. Finesse Orangenfrucht**
- **125 g Weizenmehl**
- **2 gestr. TL Backpulver**
- **30 g fein gehacktes Orangeat**
- **125 g Kokosraspel**

Zum Bestreichen und Bestreuen:
- **100 g Halbbitter-Kuvertüre**
- **1 TL Speiseöl**
- **25 g Kokosraspel**

Zum Garnieren:
- **2–3 Orangen**
- **Holzspieße**

1 Für den Teig Butter oder Margarine mit Handrührgerät mit Rührbesen auf höchster Stufe geschmeidig rühren. Marzipan klein schneiden, hinzufügen und gut verrühren. Nach und nach Zucker, Vanillin-Zucker und Salz unterrühren. So lange rühren, bis eine gebundene Masse entstanden ist.

2 Eier nach und nach unterrühren (jedes Ei etwa ½ Minute). Orangenfrucht hinzufügen und unterrühren. Mehl mit Backpulver mischen, sieben und portionsweise unterrühren. Orangeat und Kokosraspel unterheben.

3 Den Teig in eine gefettete Minimuffinform für 24 Minimuffins füllen. Die Form auf dem Rost in den Backofen schieben.

Ober-/Unterhitze:
etwa 180 °C (vorgeheizt)
Heißluft: etwa 160 °C (vorgeheizt)
Gas: Stufe 2–3 (vorgeheizt)
Backzeit: etwa 20 Min.

4 Das Gebäck 5 Minuten in der Form stehen lassen, dann aus der Form lösen und auf einem mit Backpapier belegten Kuchenrost erkalten lassen.

5 Zum Bestreichen Kuvertüre in kleine Stücke hacken, mit dem Öl in einem kleinen Topf im Wasserbad bei schwacher Hitze zu einer geschmeidigen Masse verrühren. Die erkalteten Törtchen damit bestreichen und mit Kokosraspeln bestreuen.

6 Zum Garnieren Orangen gut waschen, abtrocknen und die Schale mit einem Zestenreißer in schmalen Streifen abschälen.

7 Orangen mit einem scharfen Messer so schälen, dass die weiße Haut mit entfernt wird und die Orangen filetieren. Je ein Filetstück auf einen Holzspieß stecken und den Spieß senkrecht in die Törtchen stellen. Orangenschalestreifen darüber streuen.

Minimuffins-Spiesse

8 Spieße

Zubereitungszeit: 30 Min.
Backzeit: etwa 15 Min.

Pro Stück:
E: 5 g, F: 8 g, Kh: 41 g,
kJ: 1157, kcal: 276

Für den Teig:
- **1 Ei (Größe M)**
- **140 g Zucker**
- **abgeriebene Schale und Saft von 1 Zitrone (unbehandelt)**
- **2 Pck. Saucen-Pulver Vanille-Geschmack**
- **80 g Instant-Haferflocken (Schmelzflocken)**
- **3 gestr. TL Backpulver**
- **100 g abgezogene, gemahlene Mandeln**
- **150 g fein geriebene Möhren**

Zum Bestäuben:
- **etwas Puderzucker**

Zum Garnieren:
- **400–500 g vorbereitete Früchte (z. B. Melone, Pfirsich, Kiwi, Banane, Erdbeeren, Weintrauben)**
- **einige Holzspieße oder Schokogebäckstäbchen**

1 Für den Teig das Ei trennen. Eiweiß mit Handrührgerät mit Rührbesen sehr steif schlagen. Eigelb mit Zucker und Zitronenschale und -saft schaumig schlagen.

2 Saucen-Pulver mit Haferflocken, Backpulver und Mandeln vermengen, mit den Möhren zur Eigelbmasse geben und unterrühren. Eischnee unterheben.

3 Den Teig in eine Minimuffinform für 24 Muffins (gefettet, gemehlt) füllen und die Form auf dem Rost in den Backofen schieben.

Ober-/Unterhitze:
etwa 180 °C (vorgeheizt)
Heißluft: etwa 160 °C (vorgeheizt)
Gas: Stufe 2–3 (vorgeheizt)
Backzeit: etwa 15 Min.

4 Muffins nach dem Backen 5 Minuten in der Form stehen lassen, dann aus der Form lösen. Muffins auf einem mit Backpapier belegten Kuchenrost erkalten lassen und anschließend mit Puderzucker bestäuben.

5 Zum Garnieren vorbereitete Früchte im Wechsel mit jeweils 3 Minimuffins auf Holzspieße oder Schokogebäckstäbchen spießen (evtl. mit einem Holzspieß Löcher in den Früchten vorstechen) und auf eine Platte legen.

- **Tipp:**
Die Minimuffins können auch ohne Spieße mit Mini-Marzipanmöhren und Pistazien garniert serviert werden. Dazu Muffinränder und -oberflächen mit 1–2 Esslöffeln in einem Topf erhitzter Aprikosenkonfitüre bestreichen, Rand mit gemahlenen Pistazien bestreuen und Marzipanmöhren auf die Oberfläche setzen.

Pinienkern-Muffinsturm

36 Stück (Ø 3–4 cm)

*Zubereitungszeit: 25 Min.,
ohne Abkühlzeit
Backzeit: 15–20 Min.*

*Pro Stück:
E: 1 g, F: 4 g, Kh: 5 g,
kJ: 263, kcal: 63*

Für den Rührteig:
- **100 g Butter oder Margarine**
- **75 g Zucker**
- **1 Pck. Finesse Orangenfrucht**
- **2 Eier (Größe M)**
- **100 g Weizenmehl**
- **1 gestr. TL Backpulver**
- **50 g fein gehackte Pinienkerne**

Zum Bestreuen:
- **25 g Pinienkerne**

Für den Guss:
- **1 Pck. Tortenguss, klar**
- **250 ml (¼ l) Multivitaminsaft**
- **1 EL Zucker**

1 Für den Teig Butter oder Margarine mit Handrührgerät mit Rührbesen auf höchster Stufe geschmeidig rühren. Nach und nach Zucker und Orangenfrucht unterrühren. So lange rühren, bis eine gebundene Masse entstanden ist.

2 Eier nach und nach unterrühren (jedes Ei etwa ½ Minute). Mehl mit Backpulver mischen, sieben und portionsweise auf mittlerer Stufe unterrühren. Zuletzt Pinienkerne unterrühren.

3 Den Teig portionsweise in einen Spritzbeutel mit großer Lochtülle füllen. 36 kleine doppelt ineinander gestellte Papierbackförmchen (Ø 3–4 cm) auf ein Backblech stellen. Den Teig hineinspritzen und das Backblech in den Backofen schieben.

Ober-/Unterhitze:
etwa 180 °C (vorgeheizt)
Heißluft: etwa 160 °C (vorgeheizt)
Gas: Stufe 2–3 (vorgeheizt)
Backzeit: 15–20 Min.

4 Das Backblech auf einen Kuchenrost stellen. Die Muffins in den Förmchen erkalten lassen. Anschließend die Papierförmchen entfernen. Die Muffins zu einem Turm stapeln.

5 Zum Bestreuen Pinienkerne in einer Pfanne ohne Fett bräunen und erkalten lassen.

6 Für den Guss Tortengusspulver, Zucker und Multivitaminsaft nach Packungsanleitung zubereiten. Guss über den Muffinsturm gießen.

7 Pinienkerne auf den Guss streuen. Den Muffinsturm einige Minuten kalt stellen.

- **Tipp:**
Sie können den Teig auch portionsweise in einer gefetteten, gemehlten Minimuffinform backen.

Möhrenmuffins mit Pistazien

Zubereitungszeit: 45 Min.,
ohne Abkühlzeit
Backzeit: etwa 20 Min.

Pro Stück:
E: 5 g, F: 14 g, Kh: 34 g,
kJ: 1223, kcal: 292

Für den Rührteig:
- 60 g Pistazienkerne
- 125 g Möhren
- 125 g weiche Butter
  oder Margarine
- 100 g Zucker
- ½ gestr. TL
  gemahlener Zimt
- abgeriebene Schale von
  ½ Zitrone (unbehandelt)
- 2 Eier (Größe M)
- 250 g Weizenmehl
  (Type 550)
- ½ Pck. Backpulver
- 2 EL Rum
- 5–6 EL Milch

Für den Guss:
- 100 g gesiebter
  Puderzucker
- 3–4 EL Zitronensaft

Zum Bestreuen:
- grob gehackte
  Pistazienkerne

1 Für den Teig Pistazienkerne grob hacken. Möhren schälen, waschen und fein reiben.

2 Butter oder Margarine mit Handrührgerät mit Rührbesen auf höchster Stufe geschmeidig rühren. Zucker unterrühren und so lange rühren, bis eine gebundene Masse entstanden ist. Zimt und Zitronenschale unterrühren.

3 Eier nach und nach unterrühren (jedes Ei etwa ½ Minute). Mehl mit Backpulver mischen, sieben und portionsweise abwechselnd mit Rum und Milch unterrühren. Zum Schluss Pistazien und Möhren unterheben.

4 Teig in 12 doppelt ineinander gestellte Papierbackförmchen füllen, die Förmchen auf ein Backblech stellen und in den Backofen schieben.

Ober-/Unterhitze:
etwa 200 °C (vorgeheizt)
Heißluft: etwa 180 °C (vorgeheizt)
Gas: Stufe 3–4 (vorgeheizt)
Backzeit: etwa 20 Min.

5 Muffins nach dem Backen in den Papierbackförmchen auf einem mit Backpapier belegten Kuchenrost erkalten lassen.

6 Für den Guss Puderzucker mit Zitronensaft zu einer dickflüssigen Masse verrühren und die Muffins damit bestreichen. Pistazien darüber streuen und den Guss fest werden lassen.

■ **Tipp:**
Die Muffins können auch in einer Muffinform für 12 Muffins (gefettet, gemehlt) gebacken werden.

Feine Fruchtküchlein

Foto

Zubereitungszeit: 25 Min.
Backzeit: 25–30 Min.

Pro Stück:
E: 5 g, F: 18 g, Kh: 28 g,
kJ: 1289, kcal: 308

Für den Rührteig:
- **180 g Butter**
- **100 g Zucker**
- **1 Pck. Vanillin-Zucker**
- **1 Pck. Finesse Geriebene Zitronenschale**
- **170 g Weizenmehl**
- **1 gestr. TL Backpulver**
- **100 g abgezogene, gemahlene Mandeln**
- **50 g Sultaninen**
- **50 g fein gewürfelte, kandierte Früchte**
- **4 Eiweiß**
- **30 g Zucker**

1 Für den Teig Butter mit Handrührgerät mit Rührbesen auf höchster Stufe geschmeidig rühren, Zucker und Vanillin-Zucker mischen und nach und nach unterrühren. Zitronenschale ebenfalls dazugeben und verrühren.

2 Mehl mit Backpulver mischen, sieben und portionsweise unterrühren. Mandeln, Sultaninen und Früchte unterheben. Eiweiß mit Zucker steif schlagen und ein Drittel davon unterrühren. Restlichen Eischnee vorsichtig unterheben.

3 Den Teig in eine gefettete oder mit Papierbackförmchen ausgelegte Muffinform für 12 Muffins füllen und die Form auf dem Rost im Backofen schieben.

Ober-/Unterhitze:
etwa 180 °C (vorgeheizt)
Heißluft: etwa 160 °C (vorgeheizt)
Gas: Stufe 2–3 (vorgeheizt)
Backzeit: 25–30 Min.

4 Die Küchlein nach dem Backen 10 Minuten in der Form stehen lassen, dann lösen und auf einem Kuchenrost erkalten lassen.

- **Tipp:**
Die noch heißen Törtchen mit Orangensaft oder Rum tränken.

Muffins mit Weisswein

Titelfoto

Zubereitungszeit: 15 Min.
Backzeit: etwa 25 Min.

Pro Stück:
E: 3 g, F: 12 g, Kh: 27 g,
kJ: 1010, kcal: 241

Für den Rührteig:
- **150 g Butter oder Margarine**
- **100 g Zucker**
- **1 Pck. Vanillin-Zucker**
- **3 Eier (Größe M)**
- **150 g Weizenmehl**
- **100 g Speisestärke**
- **2 gestr. TL Backpulver**
- **75 ml Weißwein**

Zum Bestäuben:
- **etwas Puderzucker**

1 Für den Teig Butter oder Margarine mit Handrührgerät mit Rührbesen auf höchster Stufe geschmeidig rühren. Nach und nach Zucker und Vanillin-Zucker unterrühren. So lange rühren, bis eine gebundene Masse entstanden ist.

(Fortsetzung Seite 64)

2 Eier nach und nach unterrühren (jedes Ei etwa ½ Minute). Mehl, Speisestärke und Backpulver mischen, sieben und portionsweise abwechselnd mit dem Wein auf mittlerer Stufe unterrühren.

3 Den Teig in eine gut gefettete Muffinform für 12 Muffins füllen. Die Form auf dem Rost in den Backofen schieben.

Ober-/Unterhitze:
etwa 180 °C (vorgeheizt)
Heißluft: etwa 160 °C (vorgeheizt)
Gas: Stufe 2–3 (vorgeheizt)
Backzeit: etwa 25 Min.

4 Muffins nach dem Backen 10 Minuten in der Form stehen lassen. Dann aus der Form lösen, auf einem Kuchenrost vollständig erkalten lassen und mit Puderzucker bestäuben.

Cherry Coke Muffins*

Zubereitungszeit: 20 Min.
Backzeit: etwa 30 Min.

Pro Stück:
E: 4 g, F: 12 g, Kh: 50 g,
kJ: 1393, kcal: 333

Für den All-in-Teig:
- **200 g Weizenmehl**
- **3 gestr. TL Backpulver**
- **½ gestr. TL Natron**
- **2 leicht geh. EL Kakaopulver**
- **150 g Zucker**
- **1 Pck. Vanillin-Zucker**
- **2 Eier (Größe M)**
- **150 g weiche Butter oder Margarine**
- **100 ml Buttermilch**
- **100 ml Cherry Coke**

Für den Guss:
- **175 g gesiebter Puderzucker**
- **1 EL Kakaopulver**
- **3–4 EL Cherry Coke**

Zum Garnieren:
- **24 Fruchtgummi-Kirschen**

1 Für den Teig Mehl mit Backpulver, Natron und Kakao mischen und in eine Rührschüssel sieben. Zucker, Vanillin-Zucker, Eier, Butter oder Margarine, Buttermilch und Cherry Coke hinzufügen und mit Handrührgerät mit Rührbesen auf höchster Stufe in etwa 2 Minuten zu einem Teig verarbeiten.

2 Teig in eine Muffinform für 12 Muffins (gefettet, gemehlt) füllen und die Form auf dem Rost in den Backofen schieben.

Ober-/Unterhitze:
etwa 180 °C (vorgeheizt)
Heißluft: etwa 160 °C (vorgeheizt)
Gas: Stufe 2–3 (vorgeheizt)
Backzeit: etwa 30 Min.

3 Gebäck nach dem Backen noch 10 Minuten in der Form stehen lassen, dann lösen und auf einem Kuchenrost etwas abkühlen lassen.

4 Für den Guss Puderzucker und Kakao mischen und mit Cherry Coke zu einem dickflüssigen Guss verrühren. Die noch leicht warmen Muffins damit bestreichen.

5 Erkaltete Muffins mit Fruchtgummi-Kirschen garnieren.

- **Tipp:**

Zusätzlich 3 gut abgetropfte Kirschen mit in jedes Förmchen geben. Die Teigmenge reicht dann für 15 Muffins.

* Nicht durch Coca-Cola autorisiert

White Chocolate Muffins

Foto

Zubereitungszeit: 20 Min.
Backzeit: etwa 25 Min.

Pro Stück:
E: 6 g, F: 15 g, Kh: 32 g,
kJ: 1237, kcal: 296

Für den All-in-Teig:
- **250 g Weizenmehl**
- **2 gestr. TL Backpulver**
- **2 gestr. EL Kakaopulver**
- **50 g brauner Zucker**
- **2 Pck. Bourbon-Vanille-Zucker**
- **2 Eier (Größe M)**
- **1 Becher (150 g) Crème fraîche**

- **100 ml Milch**
- **3–4 EL Speiseöl**
- **150 g weiße Schokolade**
- **50 g Zartbitterschokolade**

Zum Bestreuen:
- **25 g grob gehackte, abgezogene Mandeln**

1 Für den Teig Mehl, Backpulver und Kakao mischen und in eine Rührschüssel sieben. Zucker, Vanille-Zucker, Eier, Crème fraîche, Milch und Öl zugeben. Mit Handrührgerät mit Rührbesen in etwa 2 Minuten zu einem Teig verrühren. Weiße und Zartbitterschokolade hacken und unterrühren.

2 12 doppelt ineinander gestellte Papierbackförmchen auf ein Backblech stellen, den Teig vorsichtig hineinfüllen und Mandeln darauf streuen. Das Backblech in den Backofen schieben.

Ober-/Unterhitze:
180–200 °C (vorgeheizt)
Heißluft: 160–180 °C (vorgeheizt)
Gas: etwa Stufe 3 (vorgeheizt)
Backzeit: etwa 25 Min.

- **Tipp:**
Die Muffins können auch in einer Muffinform für 12 Muffins gebacken werden.

Muffins mit Heidelbeeren

Zubereitungszeit: 20 Min.
Backzeit: etwa 25 Min.

Pro Stück:
E: 3 g, F: 8 g, Kh: 26 g,
kJ: 845, kcal: 202

Für den Teig:
- **125 g Heidelbeeren (aus dem Glas oder TK-Heidelbeeren)**

- **100 g weiche Butter oder Margarine**
- **125 g Zucker**
- **1 Pck. Vanillin-Zucker**
- **1 Pck. Finesse Geriebene Zitronenschale**
- **1 Prise Salz**
- **2 Eier (Größe M)**
- **200 g Weizenmehl**
- **½ gestr. TL Backpulver**
- **100 ml Milch**

1 Für den Teig Heidelbeeren aus dem Glas auf einem Sieb gut abtropfen lassen oder TK-Heidelbeeren auf einem Sieb auftauen lassen.

2 Butter oder Margarine mit Handrührgerät mit Rührbesen auf höchster Stufe geschmeidig rühren. Nach und nach Zucker, Vanillin-Zucker, Zitronenschale und Salz

(Fortsetzung Seite 68)

hinzufügen und so lange rühren, bis eine gebundene Masse entstanden ist.

3 Eier nach und nach unterrühren (jedes Ei etwa ½ Minute). Mehl und Backpulver mischen, sieben und portionsweise abwechselnd mit der Milch auf mittlerer Stufe unterrühren. Nur so viel Milch hinzugeben, dass der Teig schwer reißend vom Löffel fällt.

4 Den Teig in eine gefettete Muffinform für 12 Muffins geben, die gut abgetropften Heidelbeeren auf den Teig geben und die Form auf dem Rost in den Backofen schieben.

Ober-/Unterhitze:
180-200 °C (vorgeheizt)
Heißluft: 160-180 °C (vorgeheizt)
Gas: etwa Stufe 3 (vorgeheizt)
Backzeit: etwa 25 Min.

5 Die Muffins 10 Minuten in der Form stehen lassen, dann lösen und auf einem Kuchenrost erkalten lassen.

■ **Tipp:**
Die erkalteten Muffins vor dem Servieren nach Belieben mit Puderzucker bestäuben.

Espresso-Kahlúa-Muffins

Zubereitungszeit: 25 Min.
Backzeit: etwa 30 Min.

Pro Stück:
E: 4 g, F: 5 g, Kh: 39 g,
kJ: 1003, kcal: 239

Für den All-in-Teig:
■ **250 g Weizenmehl**
■ **2 gestr. TL Backpulver**
■ **125 g Kandisfarin (brauner Zucker)**
■ **1 Pck. Bourbon-Vanille-Zucker**
■ **2 Eier (Größe M)**
■ **75 ml Espresso**
■ **75 ml Kahlúa (Kaffeelikör)**
■ **50 ml Speiseöl**

Für den Guss:
■ **125 g gesiebter Puderzucker**
■ **etwa 2 EL Kahlúa**

Zum Garnieren:
■ **einige Mokkabohnen**

1 Für den Teig Mehl mit Backpulver mischen und in eine Rührschüssel sieben. Kandisfarin, Vanille-Zucker, Eier, Espresso, Kahlúa und Öl hinzufügen und mit Handrührgerät mit Rührbesen in etwa 2 Minuten zu einem Teig verarbeiten.

2 Teig in eine Muffinform für 12 Muffins (gefettet, gemehlt) füllen und die Form auf dem Rost in den Backofen schieben.

Ober-/Unterhitze:
etwa 180 °C (vorgeheizt)
Heißluft: etwa 160 °C (vorgeheizt)
Gas: Stufe 2–3 (vorgeheizt)
Backzeit: etwa 30 Min.

3 Gebäck nach dem Backen 10 Minuten in der Form stehen lassen, dann aus der Form lösen und auf einem Kuchenrost erkalten lassen.

4 Für den Guss Puderzucker mit Kahlúa verrühren, so dass eine dickflüssige Masse entsteht. Muffins damit dick bestreichen und mit Mokkabohnen garnieren.

■ **Tipp:**
Anstelle von Kahlúa kann auch Schoko-Sirup verwendet werden. Die Muffins werden dann etwas dunkler. Für den Guss dann je 1 Esslöffel Schoko-Sirup und heißes Wasser verwenden.

Muffins mit Schokosplittern

Foto

Zubereitungszeit: 10 Min.
Backzeit: etwa 20 Min.

Pro Stück:
E: 5 g, F: 16 g, Kh: 28 g,
kJ: 1212, kcal: 290

Für den All-in-Teig:
- **200 g Weizenmehl**
- **75 g Speisestärke**
- **2 gestr. TL Backpulver**
- **75 g Zucker**
- **1 Pck. Vanillin-Zucker**
- **4 Eier (Größe M)**
- **175 g weiche Butter oder Margarine**

- **75 g Zartbitterschokolade**

1 Für den Teig Mehl, Speisestärke und Backpulver mischen und in eine Rührschüssel sieben.

2 Zucker, Vanillin-Zucker, Eier und Butter oder Margarine dazugeben und in etwa 2 Minuten mit Handrührgerät mit Rührbesen zu einem Teig verarbeiten.

3 Die Schokolade grob hacken und zwei Drittel davon unter den Teig heben. Den Teig mit Hilfe von 2 Teelöffeln in eine gefettete Muffinform für 12 Muffins oder in 12 doppelt ineinander gestellte Papierbackförmchen füllen.

4 Den Teig mit der restlichen Schokolade bestreuen. Die Muffinform auf dem Rost, die Papierbackförmchen auf dem Backblech in den Backofen schieben.

Ober-/Unterhitze:
etwa 180 °C (vorgeheizt)
Heißluft: etwa 160 °C (vorgeheizt)
Gas: etwa Stufe 3 (vorgeheizt)
Backzeit: etwa 20 Min.

5 Muffins nach dem Backen 10 Minuten in der Form stehen lassen, dann aus der Form lösen oder mit den Papierbackförmchen auf einem Kuchenrost erkalten lassen.

Kirschmuffins

Titelfoto

Zubereitungszeit: 15 Min.
Backzeit: etwa 25 Min.

Pro Stück:
E: 4 g, F: 11 g, Kh: 32 g,
kJ: 1044, kcal: 249

Für den Rührteig:
- **1 Glas entsteinte Kaiserkirschen (Abtropfgewicht 400 g)**
- **100 g Butter oder Margarine**
- **100 g Zucker**
- **1 Pck. Vanillin-Zucker**
- **2 Eier (Größe M)**
- **250 g Weizenmehl**
- **2 gestr. TL Backpulver**
- **100 ml Schlagsahne**

1 Für den Teig Kirschen auf einem Sieb gut abtropfen lassen. Butter oder Margarine mit Handrührgerät mit Rührbesen auf höchster Stufe geschmeidig rühren. Nach und nach Zucker und Vanillin-Zucker unterrühren. So lange rühren, bis eine gebundene Masse entstanden ist.

(Fortsetzung Seite 72)

2 Eier nach und nach unterrühren (jedes Ei etwa ½ Minute). Mehl mit Backpulver mischen, sieben und portionsweise abwechselnd mit der Sahne auf mittlerer Stufe unterrühren. Die Hälfte der Kirschen unterheben.

3 Eine Muffinform für 12 Muffins mit Papierbackförmchen

auslegen. Teig einfüllen und mit den restlichen Kirschen belegen. Die Form auf dem Rost in den Backofen schieben.

Ober-/Unterhitze:
etwa 180 °C (vorgeheizt)
Heißluft: etwa 160 °C (vorgeheizt)
Gas: Stufe 2–3 (vorgeheizt)
Backzeit: etwa 25 Min.

4 Die Muffins mit den Papierbackförmchen aus der Form nehmen und auf einem Kuchenrost erkalten lassen.

■ **Tipp:**
Anstelle von Kaiserkirschen Mirabellen oder Süßkirschen verwenden.

Rotweinmuffins

Zubereitungszeit: 25 Min.
Backzeit: etwa 20 Min.

Pro Stück:
E: 4 g, F: 14 g, Kh: 30 g,
kJ: 1177, kcal: 281

Für den All-in-Teig:
■ **150 g Weizenmehl**
■ **2 gestr. TL Backpulver**
■ **½ gestr. TL Natron**
■ **1 gestr. EL Kakaopulver**
■ **125 g Zucker**
■ **1 Pck. Finesse Bourbon-Vanille-Aroma**
■ **100 g gemahlene Mandeln**
■ **1 geh. EL Nuss-Nougat-Creme**
■ **1 Ei (Größe M)**
■ **125 g weiche Butter oder Margarine**
■ **100 ml Rotwein**

Für den Guss:
■ **100 g gesiebter Puderzucker**
■ **2–3 EL Rotwein**

■ **einige rote Weintrauben**
■ **etwas Zucker**

1 Für den Teig Mehl mit Backpulver, Natron und Kakao mischen und in eine Rührschüssel sieben. Restliche Zutaten hinzufügen. Alles mit Handrührgerät mit Rührbesen auf höchster Stufe in etwa 2 Minuten zu einem Teig verarbeiten.

2 Den Teig in eine gefettete Muffinform für 12 Muffins füllen und die Form auf dem Rost in den Backofen schieben.

Ober-/Unterhitze:
etwa 180 °C (vorgeheizt)
Heißluft: etwa 160 °C (vorgeheizt)
Gas: Stufe 2–3 (vorgeheizt)
Backzeit: etwa 20 Min.

3 Muffins 10 Minuten in der Form stehen lassen und dann aus der Form lösen. Für den Guss Puderzucker mit Rotwein glatt rühren, auf die noch warmen Muffins streichen und Muffins auf einem Kuchenrost erkalten lassen. Weintrauben waschen, noch feucht in Zucker wälzen und auf den noch feuchten Guss legen.

■ **Tipp:**
Statt die Muffins mit Weintrauben zu belegen, können auch gehackte Mandeln auf den noch feuchten Guss gestreut werden.

Malzbiermuffins

Zubereitungszeit: 30 Min.
Backzeit: etwa 30 Min.

Pro Stück:
E: 3 g, F: 7 g, Kh: 38 g,
kJ: 981, kcal: 234

Für den All-in-Teig:
- **150 g Weizenmehl**
- **1 gestr. TL Backpulver**
- **½ gestr. TL Natron**
- **75 g brauner Zucker**
- **1 Pck. Bourbon-Vanille-Zucker**
- **½ gestr. TL gemahlener Zimt**
- **2 Eier (Größe M)**
- **75 g weiche Butter oder Margarine**
- **175 ml Malzbier**

Für die Füllung:
- **100 g Trockenpflaumen ohne Stein**
- **50 g (etwa 1 Scheibe) Schwarzbrot**
- **50 g Rosinen**

Für den Belag:
- **etwa 50 g Trockenpflaumen ohne Stein**

Für den Guss:
- **100 g gesiebter Puderzucker**
- **2 EL Malzbier**

1 Für den Teig Mehl mit Backpulver und Natron mischen und in eine Rührschüssel sieben. Restliche Zutaten hinzufügen. Alles mit Handrührgerät mit Rührbesen auf höchster Stufe in etwa 2 Minuten zu einem Teig verarbeiten.

2 Für die Füllung Trockenpflaumen und Schwarzbrot in kleine Würfel schneiden und mit den Rosinen unter den Teig rühren.

3 Teig in eine Muffinform für 12 Muffins (gefettet, gemehlt) füllen und die Form auf dem Rost in den Backofen schieben.

Ober-/Unterhitze:
etwa 180 °C (vorgeheizt)
Heißluft: etwa 160 °C (vorgeheizt)
Gas: Stufe 2–3 (vorgeheizt)
Backzeit: etwa 30 Min.

4 Muffins 10 Minuten in der Form stehen lassen, dann vorsichtig aus der Form lösen und auf einen mit Backpapier belegten Kuchenrost stellen.

5 Für den Belag Trockenpflaumen in große Stücke schneiden und auf die warmen Muffins legen.

6 Für den Guss Puderzucker mit Malzbier zu einer dickflüssigen Masse verrühren und die Oberfläche der noch warmen Muffins und die Trockenpflaumen damit bestreichen.

Tipp:
Anstelle von Pflaumenstücken können für den Belag auch Rosinen verwendet werden.

Nuss-Beeren-Törtchen

Zubereitungszeit: 35 Min.
Backzeit: etwa 30 Min.

Pro Stück:
E: 6 g, F: 23 g, Kh: 24 g,
kJ: 1420, kcal: 339

Für den Schüttelteig:
- **130 g Weizenmehl**
- **2 gestr. TL Backpulver**
- **130 g Zucker**
- **4 Eier (Größe M)**
- **200 g zerlassene, abgekühlte Butter oder Margarine**
- **100 ml Milch**
- **130 g gemahlene Haselnusskene**

Zum Ausstreuen:
- **1–2 EL Semmelbrösel**

Für den Belag:
- **150 g TK-Heidelbeeren**

Zum Bestäuben:
- **Puderzucker**

1 Für den Teig Mehl mit Backpulver mischen, in eine verschließbare Schüssel (3 l) sieben und mit Zucker mischen. Eier, Butter oder Margarine und Milch hinzufügen. Die Schüssel mit dem Deckel fest verschließen und mehrmals kräftig schütteln (insgesamt etwa 30 Sekunden). Haselnusskerne hinzugeben und alles mit einem Schneebesen oder Rührlöffel nochmals sorgfältig durchrühren, damit trockene Zutaten vom Rand mit untergerührt werden.

2 Teig in eine Muffinform für 12 Muffins (gefettet, mit Semmelbröseln ausgestreut) füllen.

3 Für den Belag die gefrorenen Heidelbeeren auf dem Teig verteilen. Die Form auf dem Rost in den Backofen schieben.

Ober-/Unterhitze:
etwa 200 °C (vorgeheizt)
Heißluft: etwa 180 °C (vorgeheizt)
Gas: Stufe 3–4 (vorgeheizt)
Backzeit: etwa 30 Min.

4 Törtchen 10 Minuten in der Form stehen lassen, dann aus der Form lösen und auf einem Kuchenrost erkalten lassen.

5 Zum Bestäuben Törtchen kurz vor dem Servieren mit Puderzucker bestäuben.

Kaffeemuffins

Zubereitungszeit: 30 Min.
Backzeit: etwa 20 Min.

Pro Stück:
E: 3 g, F: 10 g, Kh: 34 g,
kJ: 1038, kcal: 248

Zum Vorbereiten:
- **125 ml (1/8 l) heißes Wasser**
- **2 geh. TL lösliches Kaffeepulver**

Für den Rührteig:
- **125 g Butter oder Margarine**
- **175 g Zucker**
- **1 Pck. Finesse Bourbon-Vanille-Aroma**
- **2 Eier (Größe M)**
- **175 g Weizenmehl**
- **2 gestr. TL Backpulver**
- **20 g Kakaopulver**
- **1–2 EL Rum**

Für den Guss:
- **100 g Puderzucker**
- **1/2 TL lösliches Kaffeepulver**
- **1–2 EL heißes Wasser**

Zum Bestreuen:
- **etwas Raspelschokolade**

1 Zum Vorbereiten Wasser mit Kaffeepulver verrühren und erkalten lassen.

2 Für den Teig Butter oder Margarine mit Handrührgerät mit Rührbesen auf höchster Stufe geschmeidig rühren. Nach und nach Zucker und Aroma unterrühren. So lange rühren, bis eine gebundene Masse entstanden ist.

3 Eier nach und nach unterrühren (jedes Ei etwa 1/2 Minute). Mehl mit Backpulver und Kakao mischen, sieben und portionsweise auf mittlerer Stufe unterrühren. Zuletzt Rum und Kaffee unterrühren.

4 Teig in 12 doppelt ineinander gestellte Papierbackförmchen oder in eine gefettete Muffinform für 12 Muffins füllen. Papierbackförmchen auf dem Backblech, die Form auf dem Rost in den Backofen schieben.

Ober-/Unterhitze:
etwa 180 °C (vorgeheizt)
Heißluft: etwa 160 °C (vorgeheizt)
Gas: Stufe 2–3 (vorgeheizt)
Backzeit: etwa 20 Min.

5 Muffins 10 Minuten in der Form stehen lassen, dann lösen und auf einen Kuchenrost stellen.

6 Für den Guss Puderzucker mit Kaffeepulver mischen, mit Wasser verrühren und die noch etwas warmen Muffins damit bestreichen. Raspelschokolade darauf streuen und die Muffins vollständig erkalten lassen.

- **Tipp:**
Sie können den Rum im Teig auch durch Milch ersetzen.
Geben Sie zusätzlich noch 50 g fein gehackte Moccaschokolade in den fertig gerührten Teig.

Tierische Muffins

Zubereitungszeit: 35 Min.
Backzeit: etwa 20 Min.

Pro Stück:
E: 4 g, F: 18 g, Kh: 28 g,
kJ: 1263, kcal: 302

Für den Rührteig:
- **175 g Butter**
  oder Margarine
- **125 g Zucker**
- **1 Pck. Vanillin-Zucker**
- **2 Eier (Größe M)**
- **100 g Crème fraîche**
- **200 g Weizenmehl**
- **3 gestr. TL Backpulver**

Für die Bären:
- **Zuckerschrift**
- **Schokoladentaler**
- **Schokolinsen**

Für die Schweine:
- **Brausepulverkissen**
  aus Esspapier

Für die Rentiere:
- **50 g Zartbitterschokolade**
- **Schokolinsen**

Für die Mäuse:
- **Schokoladentaler**
- **Schokolinsen**
- **Lakritzschnecke**

1 Für den Teig Butter oder Margarine mit Handrührgerät mit Rührbesen auf höchster Stufe geschmeidig rühren. Nach und nach Zucker und Vanillin-Zucker unterrühren. So lange rühren, bis eine gebundene Masse entstanden ist. Eier nach und nach unterrühren (jedes Ei etwa 1/2 Minute). Crème fraîche unterrühren.

2 Mehl mit Backpulver mischen, sieben und portionsweise auf mittlerer Stufe unterrühren. Den Teig in 12 doppelt ineinander gestellte, bunte Papierbackförmchen füllen und die Förmchen auf einem Backblech in den Backofen schieben.

Ober-/Unterhitze:
etwa 180 °C (vorgeheizt)
Heißluft: etwa 160 °C (vorgeheizt)
Gas: Stufe 2–3 (vorgeheizt)
Backzeit: etwa 20 Min.

3 Die Muffins vom Backblech nehmen und in den Papierbackförmchen auf einem Kuchenrost erkalten lassen.

4 Für die Bären mit Zuckerschrift Schokoladentaler für die Ohren und Schokolinsen für den Mund aufkleben und die Bären verzieren.

5 Für die Schweine jeweils 1 ganzes Brausepulverkissen als Rüssel und 2 Brausepulverkissen-Hälften als Ohren mit Zuckerschrift ankleben. Mit Zuckerschrift ein Gesicht malen.

6 Für die Rentiere Schokolade in einem kleinen Topf im Wasserbad bei schwacher Hitze zu einer geschmeidigen Masse verrühren. Schokolade in ein Papiertütchen füllen, eine kleine Spitze abschneiden, Rentiergeweihe auf Backpapier spritzen (evtl. ein zweites Mal darüber spritzen, damit die Geweihe dicker werden) und im Kühlschrank fest werden lassen. Geweihe und Schokolinsen als Augen mit Zuckerschrift ankleben und mit Zuckerschrift ein Gesicht malen.

7 Für die Mäuse Schokoladentaler für die Ohren, Schokolinsen als Augen und Lakritzstücke als Barthaare mit Zuckerschrift ankleben. Lakritzschnecke auseinander rollen und als Schwänzchen in die Muffins stecken.

- **Tipp:**
Anstelle von Zuckerschrift kann auch ein Puderzuckerguss aus 150 g gesiebtem Puderzucker und 2–3 Esslöffeln heißem Wasser angerührt und mit Speisefarben eingefärbt werden.

Buttertörtchen

Zubereitungszeit: 30 Min.
Backzeit: 20–25 Min.

Pro Stück:
E: 4 g, F: 16 g, Kh: 23 g,
kJ: 1125, kcal: 269

Für den Rührteig:

- **125 g Butter**
- **100 g Zucker**
- **1–2 Pck. Bourbon-Vanille-Zucker**
- **3 Eigelb (Größe M)**
- **200 g Weizenmehl**
- **1 gestr. TL Backpulver**
- **125 ml (¹/₈ l) Schlagsahne**
- **3 Eiweiß (Größe M)**

Für den Belag:

- **25 g abgezogene, gehobelte Mandeln**
- **etwa 25 g Butter**

Zum Bestäuben:

- **etwas Puderzucker**

1 Für den Teig Butter mit Handrührgerät mit Rührbesen auf höchster Stufe geschmeidig rühren. Nach und nach Zucker und Vanille-Zucker unterrühren. So lange rühren, bis eine gebundene Masse entstanden ist.

2 Eigelb nach und nach unterrühren. Mehl mit Backpulver mischen, sieben und portionsweise abwechselnd mit der Sahne auf mittlerer Stufe unterrühren. Eiweiß steif schlagen und unterheben.

3 Den Teig in eine gefettete Muffinform für 12 Muffins füllen.

4 Für den Belag Mandeln auf den Teig streuen und Butter in Flöckchen auf dem Teig verteilen. Form auf dem Rost in den Backofen schieben.

Ober-/Unterhitze:
etwa 180 °C (vorgeheizt)
Heißluft: etwa 160 °C (vorgeheizt)
Gas: Stufe 2–3 (vorgeheizt)
Backzeit: 20–25 Min.

5 Die Muffins nach dem Backen 10 Minuten in der Form stehen lassen, dann aus der Form lösen und auf einem Kuchenrost erkalten lassen. Muffins vor dem Servieren mit Puderzucker bestreuen.

Macadamia-Muffins

Zubereitungszeit: 25 Min.
Backzeit: etwa 20 Min.

Pro Stück:
E: 3 g, F: 15 g, Kh: 21 g,
kJ: 1015, kcal: 242

Für den Rührteig:
- **125 g Macadamianuss-kerne, leicht gesalzen und geröstet**
- **100 g Butter oder Margarine**
- **100 g Zucker**
- **1 Pck. Bourbon-Vanille-Zucker**
- **2 Eier (Größe M)**
- **100 g Maismehl**
- **½ gestr. TL Backpulver**
- **3 EL Orangensaft**

Für den Guss:
- **50 g gesiebter Puderzucker**
- **1 EL Orangensaft**

Zum Garnieren:
- **6 Belegkirschen**

1 Für den Teig Macadamianüsse grob hacken. Butter oder Margarine mit Handrührgerät mit Rührbesen auf höchster Stufe geschmeidig rühren. Nach und nach Zucker und Vanille-Zucker unterrühren. So lange rühren, bis eine gebundene Masse entstanden ist. Eier nach und nach unterrühren (jedes Ei etwa ½ Minute).

2 Maismehl mit Backpulver mischen und portionsweise abwechselnd mit dem Orangensaft auf mittlerer Stufe unterrühren. Zuletzt zwei Drittel der Macadamianüsse unterrühren. Teig in eine Muffinform für 12 Muffins (mit Papierbackförmchen ausgelegt) füllen.

3 Die restlichen Macadamianüsse auf den Teig streuen. Die Form auf dem Rost in den Backofen schieben.

Ober-/Unterhitze:
etwa 180 °C (vorgeheizt)
Heißluft: etwa 160 °C (vorgeheizt)
Gas: Stufe 2–3 (vorgeheizt)
Backzeit: etwa 20 Min.

4 Die Muffins mit den Papierbackförmchen aus der Form nehmen und auf einem Kuchenrost fast erkalten lassen.

5 Für den Guss Puderzucker mit Orangensaft zu einer dickflüssigen Masse verrühren und mit Hilfe eines Teelöffels auf den noch lauwarmen Muffins verteilen.

6 Zum Garnieren die Belegkirschen halbieren und je eine Hälfte auf einen Muffin setzen.

- **Tipp:**
Anstelle von Macadamianusskernen eignen sich auch Haselnusskerne oder Paranusskerne.

Stollenmuffins

Zubereitungszeit: 50 Min.
Backzeit: etwa 25 Min.

Pro Stück:
E: 6 g, F: 15 g, Kh: 34 g,
kJ: 1288, kcal: 308

Für den Brandteig:
- **125 ml (¹/₈ l) Wasser**
- **25 g Butter oder Margarine**
- **75 g Weizenmehl**
- **1 EL Zucker**
- **2–3 Eier (Größe M)**

Für den Rührteig:
- **75 g Butter oder Margarine**
- **50 g Zucker**
- **1 Pck. Vanillin-Zucker**
- **1 Prise Salz**
- **1 Msp. gemahlener Zimt**
- **1 Msp. gemahlene Nelken**
- **1 Msp. gemahlener Kardamom**
- **1 Msp. Muskatblüte (Macis)**
- **1 Ei (Größe M)**
- **200 g Weizenmehl**
- **2 gestr. TL Backpulver**
- **100 g Rosinen**
- **50 g fein gehacktes Zitronat (Sukkade)**
- **50 g abgezogene, gehackte Mandeln**

Zum Bestreichen:
- **50 g zerlassene Butter**

Zum Bestäuben:
- **2 EL Puderzucker**

1 Für den Brandteig Wasser mit Butter oder Margarine am besten in einem Stieltopf zum Kochen bringen. Mehl sieben, auf einmal in die von der Kochstelle genommene Flüssigkeit schütten, zu einem glatten Kloß rühren, unter Rühren etwa 1 Minute erhitzen, den heißen Kloß sofort in eine Schüssel geben.

2 Nach und nach Zucker und Eier mit Handrührgerät mit Knethaken auf höchster Stufe unterarbeiten. Die Eiermenge hängt von der Beschaffenheit des Teiges ab, er muss stark glänzen und so von einem Löffel abreißen, dass lange Spitzen hängen bleiben.

3 Für den Rührteig Butter oder Margarine mit Handrührgerät mit Rührbesen auf höchster Stufe geschmeidig rühren. Nach und nach Zucker, Vanillin-Zucker und Salz unterrühren. So lange rühren, bis eine gebundene Masse entstanden ist. Gewürze unterrühren.

4 Ei unterrühren (etwa ¹/₂ Minute). Mehl mit Backpulver mischen, sieben und portionsweise auf mittlerer Stufe unterrühren. Zuletzt Rosinen, Zitronat und Mandeln unterrühren.

5 Brandteig und Rührteig mit Handrührgerät mit Knethaken miteinander verrühren. 12 dreifach ineinander gestellte Papierbackförmchen auf ein Backblech stellen und den Teig hineinfüllen oder den Teig in eine gefettete Muffinform für 12 Muffins füllen. Das Backblech in den Backofen schieben (Muffinform auf dem Rost in den Backofen schieben).

Ober-/Unterhitze:
etwa 180 °C (vorgeheizt)
Heißluft: etwa 160 °C (vorgeheizt)
Gas: Stufe 2–3 (vorgeheizt)
Backzeit: etwa 25 Min.

6 Die Muffins nach dem Backen 10 Minuten in der Form stehen lassen. Dann mit den Papierbackförmchen aus der Form nehmen oder aus der Form lösen. Warme Muffins mit zerlassener Butter bestreichen, mit Puderzucker bestäuben und auf einem Kuchenrost erkalten lassen.

Schoko-Pflaumen-Muffins

Zubereitungszeit: 20 Min.,
ohne Abkühlzeit
Backzeit: 20–25 Min.

Pro Stück:
E: 5 g, F: 15 g, Kh: 38 g,
kJ: 1384, kcal: 330

Für den Teig:
- **100 g Zartbitterschokolade**
- **100 g Butterschmalz**
- **2 Eier (Größe M)**
- **75 g Zucker**
- **1 Pck. Vanillin-Zucker**
- **175 g Weizenmehl**
- **2 gestr. TL Backpulver**
- **50 g Haferflocken**
- **50 g gehackte Haselnusskerne**
- **75–100 ml Buttermilch**
- **100 g Trockenpflaumen**

Für den Guss:
- **100 g gesiebter Puderzucker**
- **2–3 EL Rum oder Wasser**
- **etwas rote Speisefarbe**

Zum Bestreuen:
- **Schokostreusel**
- **bunte Zuckerperlen**

1 Für den Teig Schokolade in kleine Stücke brechen. Butterschmalz in einem kleinen Topf auflösen. Schokolade dazugeben, darin unter Rühren auflösen und Masse abkühlen lassen.

2 Eier mit Zucker und Vanillin-Zucker in einer Rührschüssel mit Handrührgerät mit Rührbesen sehr schaumig rühren. Schokoladenmasse unterrühren.

3 Mehl mit Backpulver mischen, sieben und mit Haferflocken und Haselnusskernen vermischen. Die Zutaten nach und nach abwechselnd mit der Buttermilch unterrühren. Trockenpflaumen klein schneiden und zuletzt unterheben.

4 Teig in eine Muffinform für 12 Muffins (gefettet, gemehlt) füllen und die Form auf dem Rost in den Backofen schieben.

Ober-/Unterhitze:
etwa 180 °C (vorgeheizt)
Heißluft: etwa 160 °C (vorgeheizt)
Gas: Stufe 2–3 (vorgeheizt)
Backzeit: 20–25 Min.

5 Gebäck nach dem Backen 10 Minuten in der Form stehen lassen, dann lösen und auf einem mit Backpapier belegten Kuchenrost erkalten lassen.

6 Für den Guss Puderzucker mit Rum oder Wasser zu einem dickflüssigen Guss verrühren, mit Speisefarbe rosa einfärben und auf den Muffins verteilen. Guss sofort mit Schokostreuseln und bunten Zuckerperlen bestreuen.

■ Tipp:

Sie können auch einen Guss aus 100 g Puderzucker, 1 Teelöffel Kakaopulver und 3 Esslöffeln Wasser anrühren, den Guss auf die Muffins streichen und mit Haferflocken oder gehackten Haselnusskernen bestreuen.

Bananen-Rosinen-Muffins

Zubereitungszeit: 50 Min.
Backzeit: etwa 25 Min.

Pro Stück:
E: 5 g, F: 11 g, Kh: 37 g,
kJ: 1146, kcal: 274

Für die Bananenmasse:
- ■ **3 reife Bananen**
- ■ **150 g Naturjoghurt**
- ■ **abgeriebene Schale von**
  1 Zitrone (unbehandelt)

Für den Rührteig:
- ■ **120 g Butter oder**
  Margarine
- ■ **120 g Rohrzucker**
- ■ **3 Eier (Größe M)**
- ■ **150 g Weizenvollkornmehl**
- ■ **2 gestr. TL Backpulver**
- ■ **75 g zerdrückte Cornflakes**
- ■ **100 g Rosinen**

1 Für die Bananenmasse Bananen schälen und in kleine Stücke schneiden, Joghurt und Zitronenschale hinzufügen und alles mit der Gabel gut zerdrücken.

2 Für den Teig Butter oder Margarine mit Handrührgerät mit Rührbesen auf höchster Stufe geschmeidig rühren, Zucker unterrühren. So lange rühren, bis eine gebundene Masse entstanden ist. Eier nach und nach unterrühren (jedes Ei etwa $1/2$ Minute). Die Bananenmasse unterrühren.

3 Mehl mit Backpulver und zerdrückten Cornflakes mischen und kurz auf mittlerer Stufe unter die Ei-Bananen-Masse rühren. Rosinen zuletzt unterheben. Den Teig in eine gefettete Muffinform für 12 Muffins füllen und auf dem Rost in den Backofen stellen.

Ober-/Unterhitze:
etwa 180 °C (vorgeheizt)
Heißluft: etwa 160 °C (vorgeheizt)
Gas: Stufe 2–3 (vorgeheizt)
Backzeit: etwa 25 Min.

4 Die Muffins 10 Minuten in der Form stehen lassen, dann aus der Form lösen und auf einem Kuchenrost erkalten lassen.

■ **Tipp:**
Aus 100 g gesiebtem Puderzucker und 2–3 Esslöffeln Wasser einen Guss anrühren. Den Guss auf die erkalteten Muffins streichen und mit Cornflakes oder Rosinen bestreuen.

Rosetten-Muffins

Zubereitungszeit: 35 Min.
Backzeit: etwa 25 Min.

Pro Stück:
E: 4 g, F: 21 g, Kh: 36 g,
kJ: 1510, kcal: 361

Für den Knetteig:
- **225 g Weizenmehl**
- **1 gestr. TL Backpulver**
- **75 g Zucker**
- **1 Pck. Vanillin-Zucker**
- **1 Fläschchen Butter-Vanille-Aroma**
- **125 g Butter oder Margarine**
- **1 Eigelb (Größe M)**
- **1 EL Wasser**

Für den Belag:
- **125 g Weizenmehl**
- **1 gestr. EL Kakaopulver**
- **½ gestr. TL gemahlener Zimt**
- **75 g Zucker**
- **1 Pck. Vanillin-Zucker**
- **100 g weiche Butter oder Margarine**

- **25 g zerlassene, abgekühlte Butter**

Zum Bestreichen:
- **4 EL Schlagsahne**
- **25 g Butter**

1 Für den Teig Mehl mit Backpulver mischen und in eine Rührschüssel sieben. Zucker, Vanillin-Zucker, Aroma und Butter oder Margarine, Eigelb und Wasser hinzufügen. Die Zutaten mit Handrührgerät mit Knethaken zunächst kurz auf niedrigster, dann auf höchster Stufe gut durcharbeiten.

2 Anschließend auf einer bemehlten Arbeitsfläche zu einem glatten Teig verkneten. Sollte er kleben, ihn in Folie gewickelt eine Zeit lang kalt stellen.

3 Für den Belag Mehl und Kakao in eine Rührschüssel sieben, mit Zimt, Zucker und Vanillin-Zucker mischen und Butter oder Margarine hinzufügen. Alle Zutaten mit Handrührgerät mit Rührbesen zu feinen Streuseln verarbeiten.

4 Den Teig halbieren. Jede Teighälfte auf einer bemehlten Arbeitsfläche zu einem Rechteck (30 x 20 cm) ausrollen und jeweils 6 Streifen (5 x 20 cm) daraus schneiden. Die Teigstreifen mit Butter bestreichen.

5 Drei Esslöffel des Streuselteiges auf jedem Teigstreifen verteilen und etwas andrücken. Die Teigstreifen von der kürzeren Seite her aufrollen. Die Rollen in eine Muffinform für 12 Muffins (gefettet, gemehlt) stellen und vorsichtig etwas auseinander drücken, so dass Rosetten entstehen. Die Form auf dem Rost in den Backofen schieben.

Ober-/Unterhitze:
etwa 180 °C (vorgeheizt)
Heißluft: etwa 160 °C (vorgeheizt)
Gas: Stufe 2–3 (vorgeheizt)
Backzeit: etwa 25 Min.

6 Zum Bestreichen Sahne und Butter in einem kleinen Topf kurz aufkochen lassen. Die Muffins sofort nach dem Backen damit bestreichen. Die Muffins noch 10 Minuten in der Form stehen lassen, dann aus der Form lösen und auf einem Kuchenrost erkalten lassen.

- **Tipp:**
Stellen Sie die Rosettenmuffins zum Servieren in Papierbackförmchen.